TABLEAUX EN PATCHWORK

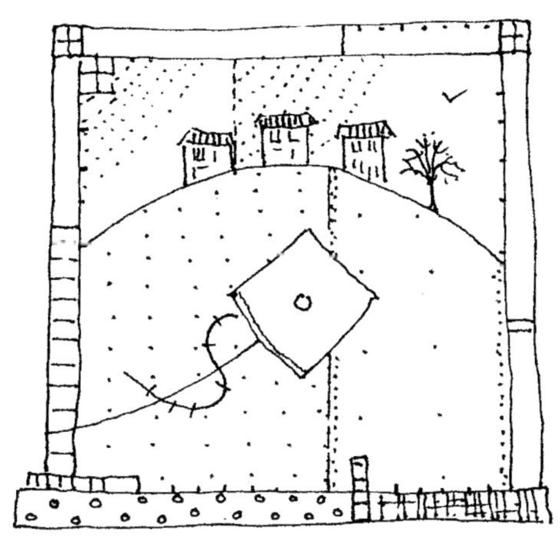

APPLIQUER ET QUILTER
TABLEAUX EN PATCHWORK

JANET BOLTON

Photographies de Sandra Lousada

Publié pour la première fois en Grande-Bretagne
sous le titre « Patchwork Pictures »
par Museum Quilts Inc., 254-258 Goswell Road,
Londres EC1V 7EB

Traduction-adaptation de Caroline Rivolier

ISBN : 2-84229-004-6
Code éditeur : I00004

Dépôt légal : janvier 1996
1re édition

Composition, montage et corrections : Éditions Philippine, Paris
Imprimé à Singapour par Star Standard Industries Pte. Ltd.

Pour Paul, Fran et Ali

Sommaire

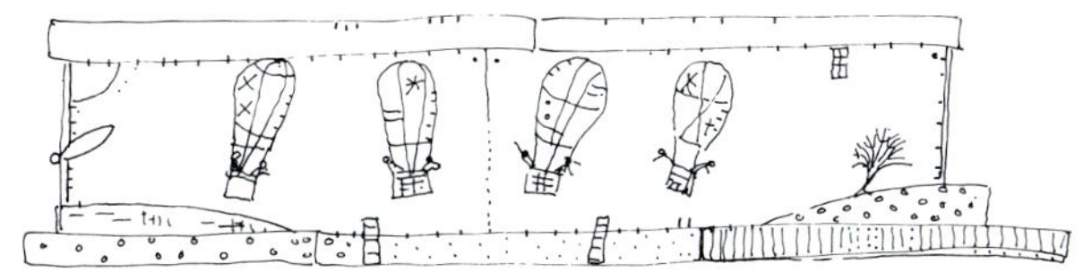

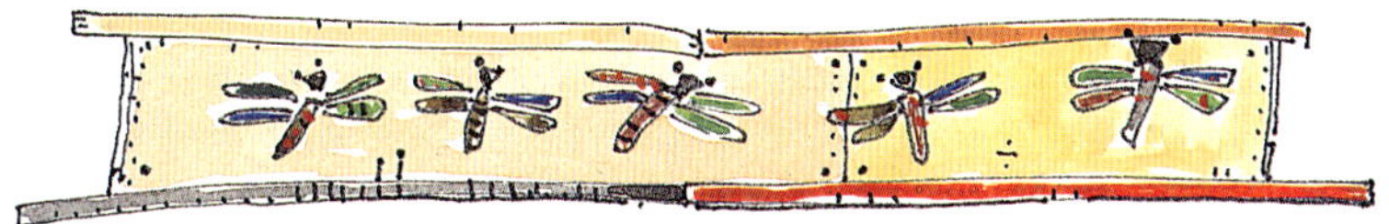

20,5 x 16 cm

Two giraffes (Deux girafes)

Introduction

Je décris dans ce livre une façon très personnelle de faire des tableaux. Tout enfant, déjà, j'aimais travailler de mes mains, dessiner, peindre, ramasser et disposer des objets. Chaque automne, nous récoltions des graines et des baies pour composer des coffrets de spécimens, chaque espèce étant disposée et étiquetée dans des couvercles de boîtes. C'était une de mes occupations favorites et je passais beaucoup de temps à classer ma collection jusqu'à ce que sa disposition me plaise. Je pense que le souvenir de ce bonheur d'enfant est une des raisons qui me poussent aujourd'hui à travailler avec des tissus plutôt qu'avec de la peinture. En manipulant les tissus, je ravive le sentiment de liberté qui m'envahissait.

J'ai grandi en Angleterre, dans le Lancashire, où la connaissance des textiles et la vie quotidienne étaient intimement mêlées. Les gens palpaient les étoffes, les tiraillaient, discutaient de leurs qualités. Je me souviens d'avoir joué, enfant, avec des liasses d'échantillons quand mon père se rendait chez les tailleurs. Un tissu recèle ses souvenirs évocateurs, il possède une vitalité propre. Qui l'a fait ? Comment a-t-il été fait ? D'où vient-il ? Quel fut son usage ? Une robe d'été, un ensemble, une robe de mariée, une nappe ? Qui me l'a donné ?

Mieux encore, par mon travail sur les tissus, je me trouve liée aux arts populaires et aux traditions du patchwork et des appliqués. Autrefois, les tableaux de tissus étaient souvent faits avec ce que l'artiste avait sous la main et de magnifiques œuvres d'art ont pu ainsi être créées, élevant les âmes de leur créateur et de leur utilisateur par leur seule présence dans la vie de tous les jours. Même avec un matériel limité, et souvent dans des conditions difficiles, une personne inventive pouvait coudre et colorer le tissu le plus râpé, et faire pour elle-même et pour sa famille quelque chose de beau et d'utile. Je suis certaine qu'autrefois, on entreprenait un quilt pour satisfaire l'envie – peu avouable – de faire un tableau.

Les tableaux de tissus existent depuis que l'homme existe et, de nos jours, la plupart d'entre nous n'ont pas besoin de prétexte pour se livrer à cette activité, mais il est cependant fréquent qu'on l'abandonne toutefois à la sortie de l'enfance. Beaucoup de personnes considèrent encore comme réussi un tableau qui se rapproche au maximum d'une photographie, et ne réussissent pas à se délivrer de cette contrainte et à aimer cette activité créative parce que leurs tableaux n'obéissent pas à ces critères.

Mon travail n'exige pas de talents spéciaux dans le domaine de la couture. Mes techniques sont simples et le matériel banal. Pour commencer, il ne faut qu'un petit choix de tissus, le contenu d'une boîte à ouvrage ordinaire et une table de cuisine nette. Tout le monde peut tirer l'aiguille : ce n'est pas dans la façon de coudre que se niche le talent, mais dans ce qu'on fait. Certes, des points grossiers peuvent gâcher un tableau, mais une technique magnifique ne suffit pas pour rendre une œuvre intéressante. Le secret, c'est de prendre son temps, de regarder évoluer les formes et la composition, de corriger et d'ajuster au fur et à mesure.

Dans le domaine des tableaux de tissus, deux voies s'offrent à l'artiste. L'une consiste à s'efforcer de réaliser une idée préconçue, l'autre est celle de la spontanéité, de la découverte soudaine, par exemple, d'une nouvelle relation entre forme et couleur qui déclenche un brusque changement de direction. J'aime croire que mon travail me parle, que je prête attention à son développement, que je le nourris. Je suis toujours surprise et ravie par les tours inattendus qu'il prend, et je les développe avec plaisir.

J'espère que la description de mes méthodes de travail tentera de nombreux lecteurs et, en leur faisant considérer d'un œil neuf la création des tableaux de tissus, leur donnera envie de se lancer, d'enfiler une aiguille et d'enrichir, avec leurs œuvres, cette très ancienne et très riche tradition.

22 x 19,5 cm

Rag Doll and The Doll House (Poupée de chiffons et maison de poupée)

CHAPITRE 1

L'Inspiration

12 x 12 cm et 12 x 8 cm

Dragonflies (Libellules)

L'inspiration et les idées ont des sources variées. Elles peuvent jaillir, inattendues, ou mûrir lentement. Une nouvelle idée peut s'imposer alors qu'on est occupé à tout autre chose, et elle ne provient pas toujours d'expériences visuelles. Une atmosphère, une impression, un souvenir à demi effacé peuvent jouer leur rôle dans cette genèse. Vu sous un angle insolite, un objet familier peut nous frapper, et l'association entre présent et passé déclencher un flot d'idées qui nous font nous précipiter pour prendre des notes et mettre un projet en chantier.

Deux cannes d'osier, par hasard disposées en croix, m'ont fait penser à une libellule et m'ont incitée à me mettre au travail sur un vieux thème que je n'avais pas exploité depuis plusieurs années. Parfois, les idées sont productives quand on les met en œuvre, parfois elles ne mènent à rien. Mais il est toujours très agréable, et souvent très surprenant, d'observer ce qui se passe en nous.

Mon inspiration la plus mémorable, je l'ai eue à une exposition des œuvres d'Elizabeth Allen. Au début des années 1960, à l'école d'art, je créais des tentures murales lourdes et très texturées en basant mon travail sur les propriétés physiques des textiles. Tout au contraire, Elizabeth Allen utilisait les tissus dans un but pictural. Ses tableaux sont des arrangements très élaborés de formes planes et entremêlées. Elle travaillait avec les matériaux qu'elle avait sous la main, se servant de la virtuosité technique acquise dans sa profession de couturière. Ses images, dont certaines sont très troublantes, transcendent l'étoffe muette et modeste dont elles sont faites. Je n'avais nulle envie de composer ce genre de tableaux, mais de voir ces tissus que j'aimais tant employer, utilisés avec une telle force et une telle efficacité, m'incita à remettre en question ma façon de travailler.

29 x 42 cm

Elizabeth Allen : *Population Explosion (Explosion démographique)*
British Folk Art Collection, Bath. © Peter Moores Foundation 1994

Mon intérêt pour les textiles en tant qu'outils de travail fut renforcé par la « découverte » des quilts et des éblouissantes carpettes Navajo. Le public commençait à comparer les coloris et les dessins de ces chefs-d'œuvre mal connus aux tableaux des peintres abstraits contemporains. Ces quilts et ces tapis que j'ai toujours aimés se trouvaient désormais exposés comme des œuvres d'art et appréciés pour leur valeur esthétique et pas seulement du point de vue fonctionnel.

Éblouissant tapis Navajo

Bien que les patchworks et les appliqués soient pour moi, évidemment, une magnifique source d'inspiration, je trouve aussi mes idées ailleurs : les objets en bois ou en terre, les pastels et les dessins au crayon ont des qualités qui m'attirent et que j'aimerais exprimer dans mon travail.

Les musées locaux, avec leurs trésors d'objets variés appartenant à de nombreux domaines – outils préhistoriques, spécimens géologiques, ustensiles ménagers, peintures, meubles régionaux, produits industriels – offrent un foisonnement de couleurs, de formes et de dessins capables d'éveiller en nous des idées très personnelles d'interprétations. C'est un tapis à points noués admiré à l'American Folk Art Museum de Bath qui m'a inspiré mon *Lion Amongst the Flowers* (Lion parmi des fleurs).

17 x 10 cm

Lion Amongst the Flowers (Lion parmi les fleurs)

Même si vous ne pouvez fréquenter aisément musées et galeries d'art, de nombreux magasins vendent des objets venus du monde

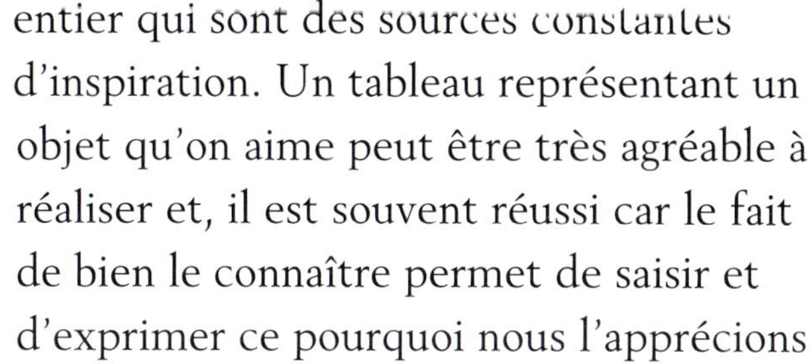

entier qui sont des sources constantes d'inspiration. Un tableau représentant un objet qu'on aime peut être très agréable à réaliser et, il est souvent réussi car le fait de bien le connaître permet de saisir et d'exprimer ce pourquoi nous l'apprécions.

Je possède une collection de petits jouets qui sont pour moi des sources d'inspiration et, dans mes tableaux, j'incorpore souvent des jouets, anciens ou récents, dont certains ont été créés par des artisans d'aujourd'hui. Dans *Garden for a Sacred Cow* (Jardin pour une vache sacrée), j'ai placé la petite vache en bois peint sur le haut du cadre : elle fait partie de la composition.

23 x 23 cm

Garden for a Sacred Cow
(Jardin pour une vache sacrée)

Les dessins d'enfants sont parfois très intéressants. *The Snowman* (Le bonhomme de neige) a été inspiré par un dessin au crayon de couleur fait par ma fille à l'âge de cinq ans. L'élément que j'ai choisi d'inclure dans mon tableau est la ligne colorée cernant le bonhomme de neige. Souvent, seule une fraction d'une image ou d'un objet nous inspire et nous utilisons cet élément autrement que sur l'original.

25 x 19 cm

Dessin de bonhomme de neige

Les formes simples de *Two Angels Gliding by* (Deux anges qui planent) m'ont aussi été inspirées par un dessin d'enfant. J'avais été dessiner des anges sculptés au musée local, mais, comme je n'avais pu aller au-delà des complexités sculpturales, mes dessins ne « passaient pas » en tableaux de tissus. Nous nous laissons facilement aveugler par des éléments inutilisables dans notre propre travail. Et un jour que je travaillais avec des enfants pour préparer Noël, la solution pour faire mes anges m'apparut : les enfants utilisaient des blocs de formes simples beaucoup mieux adaptées à mon style. Toutefois, l'étude approfondie et le dessin faits au musée n'étaient pas inutiles car il faut du temps pour isoler les qualités les plus susceptibles de favoriser un travail personnel. Creuser un thème pour en dégager l'essentiel est une merveilleuse expérience. Nous parvenons ainsi à apprécier les travaux des autres artistes tout en précisant ce que nous aimons le mieux dans notre propre façon de travailler.

Après avoir vu une fois un paysage, certaines personnes peuvent en faire aussitôt un tableau. Ce n'est pas mon cas. Il me faut attendre, laisser mes idées mûrir. Il m'arrive de noter un élément et de l'intégrer à un sujet existant, mais le thème lui-même a besoin de temps pour se développer. Des lieux, des activités, vus au long des années, deviennent ainsi des images récurrentes.

16 x 16 cm

The Snowman (Le bonhomme de neige)

De temps en temps, je reviens au thème des cerfs-volants, peut-être parce que j'habite près d'une région venteuse et réputée comme terrain d'exercice pour les amateurs et que j'en vois souvent. J'ai décidé de la composition du tableau ci-contre en regardant manier un cerf-volant qui se profilait contre le sol. J'ai alors réalisé que dans mes précédents tableaux, j'avais décrit tous mes cerfs-volants silhouettés contre le ciel.

J'insiste sur le fait qu'on n'a pas besoin de représenter exactement ce qu'on voit. Ce que j'observe n'est qu'une idée, un point de départ pour ma réflexion. Quand je rentre à la maison, je compose mon tableau à ma convenance. J'utilise des éléments et j'en élimine d'autres. Même quand vous essayez de décrire une scène réelle, n'ayez pas peur de disposer autrement les éléments de la scène : créez une réalité différente et faites exactement ce qui vous plaît.

Si l'observation nourrit l'imagination, le dessin a pour objectif de raviver les souvenirs. Si vous n'êtes pas sûr de vos dons de dessinateur, considérez vos croquis comme une série de notes. Par exemple, pour dessiner un mouton, observez le volume de la tête, la façon dont la corne s'enroule, la place de l'œil et sa forme. Chaque observation est notée non avec des mots, mais graphiquement. Vous n'êtes pas obligé d'utiliser l'information de façon précise et, par exemple, pour agrandir le corps, vous pouvez tout simplement faire la tête plus petite. Ces notes visuelles développent les qualités d'observation et nous savons tous que, lorsqu'il a été bien étudié, un sujet constitue un point de départ plus efficace et plus expressif.

Dans les vallées du Yorkshire, je m'émerveille toujours de l'harmonieuse fusion entre les animaux et les arbres. Ma belle-sœur, qui habite la région, a teint pour moi des tissus avec des plantes locales. C'est ce cadeau et mes rêveries à propos de la région qui m'ont inspiré *Barn on the Moors* (Grange sur la lande) avec ses délicats contrastes de tonalités.

42 x 38 cm

Barn on the Moors (Grange sur la lande)

Une commande peut se révéler très stimulante en donnant au travail une nouvelle direction. Pour son 25e anniversaire, l'Oxford Gallery m'a demandé une série de tableaux reflétant Oxford, cité universitaire historique. Je dus plonger dans un monde d'idées totalement différent. Des œuvres très nouvelles en résultèrent, ainsi que des thèmes exploitables dans l'avenir. Une photographie des directeurs de collèges revêtus de leur toge écarlate m'a inspiré *One Don* (Un professeur).

À DROITE : *One Don (Un professeur)*

20,5 x 15 cm

Tout en travaillant sur ce tableau, je me souvins du tableau du peintre écossais Sir Henry Raeburn, *Reverend Robert Walker Skating on Duddinston Lock* (Le Révérend Robert Walker patinant sur le lac Duddinston) et je fis un autre tableau que j'intitulai *Don Skating on Isis Lock* (Professeur patinant sur le lac Isis) pour parodier la solennité du titre original et insister sur le lien visuel entre les deux œuvres.

À GAUCHE : *Don Skating on Isis Lock (Professeur patinant sur le lac Isis)*

La chouette est un de mes sujets préférés et j'ai fait de nombreux tableaux en l'honneur de cet oiseau avisé et antique. Dans le contexte d'Oxford, très ancien lieu d'étude, la chouette, symbole de sagesse survolant la cité, m'a semblé appropriée. J'ai été très intéressée par l'utilisation de références architecturales précises, une nouveauté dans mon travail.

16,5 x 10 cm

One Winter Night (Une nuit d'hiver)

On me demande parfois si je me fais du souci à la pensée de manquer d'idées. Non, tout au contraire. Les idées affluent et s'enchaînent, et plus on fait de tableaux, plus on a envie de passer au suivant. C'est pour cette raison que j'aime bien travailler sur des thèmes, car il m'est impossible d'épuiser toutes les idées concernant un thème en un seul tableau. Certaines choses, faciles à réaliser, aboutissent rapidement à un tableau, mais d'autres sont plus rétives ou restent des années dans les oubliettes. Il est beaucoup plus difficile d'entreprendre un nouveau thème, mais une fois qu'on est lancé, toutes les inquiétudes concernant les tableaux futurs s'évanouissent très vite.

Atelier 1

Le choix du sujet

Mon expérience d'enseignante m'a appris que décider quoi faire peut être aussi difficile que choisir la façon de le réaliser. Si vous vous trouvez dans cette situation, je vous conseille de vous asseoir tranquillement, entouré de livres et de magazines, de les consulter et de repérer les images qui vous plaisent. Les bibliothèques publiques de village ou de quartier contiennent un grand choix d'ouvrages illustrés. Feuilletez les livres qui traitent des arts et des différentes cultures. Retenez plusieurs images qui vous plaisent et choisissez-en une comme point de départ. Cette sélection est une étape importante, une façon déjà d'affirmer votre personnalité. Un autre avantage de cette méthode est que l'objet dans l'espace, en trois dimensions, a déjà été transformé en une image en deux dimensions. Au fur et à mesure que vous acquerrez de l'expérience, vous ferez plus vite le tri entre ce que vous aimez et ce que vous n'aimez pas, et votre style évoluera.

La réalisation d'un tableau a avant tout pour objectif de vous procurer du plaisir, mais les idées ne naissent pas de l'air du temps : plus vous verrez d'images, plus vous affinerez votre choix et affirmerez votre sensibilité envers ce qui vous plaît et ce qui vous déplaît.

J'espère que, pendant la lecture de ce livre, vous ferez un ou deux tableaux, et peut-être même exploiterez déjà des idées personnelles nées en travaillant selon mes conseils. Personnellement, j'aime les tableaux dont les sujets ne datent pas, et j'éprouve un grand plaisir à confronter mon interprétation avec celle des artistes de périodes et de cultures différentes. L'oiseau est une de ces images intemporelles et, si vous n'avez pas encore choisi de sujet, je vous propose de le choisir comme premier thème. Il permet d'exploiter un grand nombre d'idées personnelles et il en existe d'innombrables représentations que vous pouvez prendre comme point de départ. Commencez donc par épingler sur un grand panneau mural toutes les images d'oiseaux que vous trouverez. Vous pouvez emprunter des éléments à plusieurs oiseaux pour réaliser le vôtre, ou copier une image unique.

Dessin d'un panneau d'affichage

CHAPITRE 2

Les Tissus

30 x 30 cm

Japanese Pieces (Pièces japonaises)

Le tissu est la base de mon travail. On n'a jamais trop de tissus différents, mais il n'en faut pas de grandes quantités, à cause de l'échelle réduite du travail. Il est amusant de collectionner des tissus. On ne sait jamais où les recherches vont nous entraîner – grands magasins, boutiques spécialisées, magasins de tissus d'ameublement pour trouver des chutes et des coupons, magasins de bric-à-brac, friperies où dénicher des vieilles cravates, des écharpes et des vieux vêtements qui ne coûtent presque rien. Cherchez les liasses d'échantillons, les sacs de chiffons au poids souvent en vente chez les tapissiers. Et puis, les fanatiques savent bien qu'on peut toujours acheter un vêtement neuf avec, derrière la tête, l'idée de son recyclage.

Échantillons

La participation des amis est bienvenue et leur contribution peut mettre au défi notre ingéniosité. *Japanese Pieces* (Pièces japonaises) a été inspiré par un cadeau de chiffons provenant de vieux kimonos japonais. L'infinie variété de cette liasse de tissus tenait aux textures, aux tissages, aux poids, aux motifs et aux coloris différents. Il y avait des cotons denses et des toiles de lin d'un bleu profond, de riches couleurs prune et rouge intense, des doublures de soie roses, vertes, orange et rouges. Je ne pus résister à l'envie de les découper en petits carrés et de leur chercher une disposition.

Quilt de berceau américain en carrés de soie

Dans ce simple quilt de berceau d'origine américaine, c'est le tissu lui-même qui est le sujet du « tableau ». Comme je l'ai fait dans *Japanese Pieces*, la créatrice de ce quilt s'est laissée guider par ses tissus. Elle a formé un damier de petits carrés de soie et a fixé les épaisseurs du quilt en les nouant avec un fil noir fortement contrasté. La simplicité du motif met les tissus en valeur.

Corbeille de morceaux de vieux quilts américains

Les morceaux de quilts américains photographiés dans la corbeille ci-dessus m'ont été offerts par une collègue, amateur passionnée de tableaux de tissus. Certains datent des années 1870. Les tissus sont des matériaux évocateurs, porteurs de souvenirs personnels. Ces quilts anciens, usés, lavés et relavés, m'ont rappelé les vêtements décolorés par le soleil que je portais, enfant, sur la plage et ils ont donné vie à une série de tableaux. Il y a quelque chose de très satisfaisant dans la réutilisation de matériaux qui ont déjà servi et avec lesquels on crée une réalité nouvelle.

25 x 16,5 cm

Young Girl as Happy as a Sandboy (Petite fille gaie comme un pinson)

30,5 x 22,5 cm

At The Seaside (Au bord de la mer)

Il existe un tel choix de tissus disponibles – vieux ou neufs – que l'association de tant de matériaux divers est un plaisir. N'oubliez pas que certaines étoffes ont un style reconnaissable qui, parfois, est si caractéristique qu'il s'imposera au tableau. Il est préférable que tous les tissus ne proviennent pas d'une seule source car cela crée un aspect fade, sans accent, sans centre d'intérêt.

Cette monotonie s'observe aussi dans les tableaux que j'ai commencé à faire avec des tissus spécialement teints pour un tableau particulier. La teinture est une merveilleuse façon d'agrandir une palette de coloris, car plus vous avez de textures et de couleurs, mieux ça vaut, mais ces morceaux nouvellement teints doivent être utilisés avec discrétion.

Mes méthodes de teinture n'ont rien de scientifique. J'utilise du thé ou des pelures d'oignon et je stabilise la couleur avec du sel. En froissant le tissu avant de le plonger dans la teinture, j'obtiens des dessins et des nuances. Le fond pour *Two Bees* (Deux abeilles) est un coton épais avec un tissage onduleux inhabituel. Avant que je la teigne avec du thé, l'étoffe était blanche.

N'ayez pas peur de faire des expériences. Comme vous ne connaîtrez jamais exactement la composition de votre tissu et ne pourrez donc suivre des instructions précises de teinture, plongez dans la bassine de teinture un choix de tissus variés, de couleurs différentes, pour observer le résultat. Essayez les ligatures ou le batik. La technique des ligatures consiste à éviter de teindre certaines zones du tissu. Roulez ou pliez votre tissu, puis attachez des ficelles tout autour en espaçant irrégulièrement les liens, avant de le plonger dans le bain de teinture. Pour le batik, badigeonnez de cire chaude la surface du tissu, soit au hasard, soit en formant un dessin, avant de le plonger dans une teinture à froid. Les coloris des teintures du commerce sont très nombreux. Certains produits peuvent se verser dans une machine à laver, ce qui permet de teindre plusieurs tissus en même temps. Les méthodes de teinture sont nombreuses et il existe des centaines de recettes pour la fabrication des teintures naturelles. Si vous avec envie d'augmenter votre réserve de tissus en teignant des morceaux, consultez un des nombreux ouvrages qui traitent de ce sujet.

Au cours de vos recherches, intéressez-vous aux tissus pour les fonds autant qu'aux tissus pour les formes. Un tableau doit être composé de petits morceaux, le plus souvent en tissus légers, disposés sur un tissu de fond qui peut être assez épais, par exemple un tissu d'ameublement de poids moyen. Il faut qu'il ait assez de fermeté pour être tenu en main quand on coud les formes dessus. Ces exigences pratiques ont aussi une raison esthétique : des morceaux cousus sur un fond

14 x 14 cm

Two Bees
(Deux abeilles)

qui ne paraît pas assez solide pour soutenir leur poids, peuvent paraître déséquilibrés dans une composition. Cette notion d'équilibre entre les tissus de fond et ceux du motif est aussi vraie quand on considère les formes du motif. Des formes lourdes cousues sur un fond inconsistant risquent de donner un tableau boiteux. Si vous trouvez un tissu dont la couleur ou le tissage vous paraissent parfaits pour votre fond mais qui est trop léger, étalez-le sur un autre morceau d'étoffe et traitez cette double épaisseur comme une seule. Cette solution augmente votre liberté de choix.

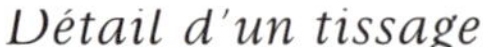

Détail d'un tissage

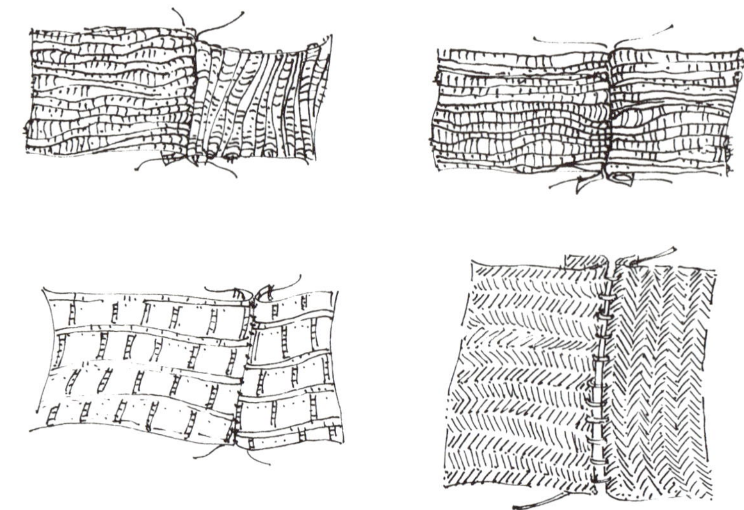

Modifier le sens d'un tissu

Préférez les tissus aux tissages intéressants, qui peuvent être coupés en morceaux et redisposés différemment. La plupart des étoffes tissées à la main ont un aspect spécial, les fils étant trop lâches pour qu'un dessin soit visible. Personnellement, j'aime bien travailler sur un fond à tissage régulier assez lâche et j'aime adapter mes techniques aux matériaux dont je me sers. Faire aller et venir l'aiguillée à travers une étoffe pour appliquer une forme de tissu est, à mon avis, complémentaire à la fabrication des textiles.

25 x 6 cm

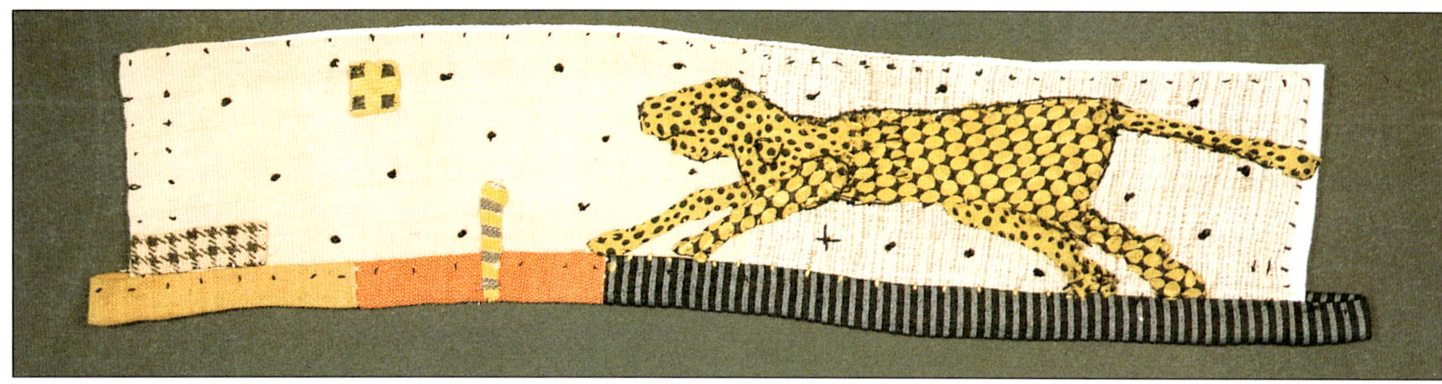

The Cheetah (Le guépard)

Quand vous choisissez des tissus pour un sujet de tableau, pensez que leurs bords vifs seront rentrés quand vous appliquerez la forme en place : ce repli du pourtour est difficile à réussir si le tissu est trop épais ou trop raide. Mieux vaut un coton, un linon, un lainage fin, une mousseline, une soie ou une toile de lin légère. L'idéal est d'utiliser de vieux tissus qui ont subi de nombreux lavages car les produits chimiques des apprêts ont alors disparu. Les tissus lavés sont souples, faciles à manipuler, et vous pouvez replier les ourlets en les maintenant du bout des doigts. Si vous utilisez un tissu neuf, lavez-le une fois ou deux avant de coudre. Le polyester, le nylon et les autres synthétiques peuvent se révéler indociles et difficiles à coudre. Mais, malgré leurs inconvénients, ils offrent souvent une palette de couleurs vives et, utilisés avec discrétion, ils peuvent donner de la vitalité à un tableau par ailleurs un peu morne.

Les tableaux de cette dimension ne nécessitent que de petits bouts de tissus, mais cela ne signifie pas que vous ne devez rechercher que des imprimés à petits motifs. En réalité, placer un motif entier, comme une grosse fleur, est difficile, car l'œil, reconnaissant la forme, sera attiré par elle. Il lui donnera plus d'importance qu'à l'image que vous avez créée, et votre composition sera déséquilibrée. Ne négligez pas pour autant les tissus à motifs imprimés de grandes dimensions : vous pouvez les subdiviser et créer d'utiles combinaisons de lignes et de couleurs.

Si vous travaillez d'après une photographie ou une illustration, n'essayez pas de retrouver les couleurs et les formes exactes de chaque élément. Cherchez les couleurs appropriées bien sûr, mais étudiez vos tissus pour voir de quelle façon les couleurs jouent les unes sur les autres, comment une couleur peut affaiblir sa voisine ou, au contraire, la mettre en valeur et l'illuminer.

L'artiste est seul maître de sa couleur. Que votre inspiration vous serve de point de départ, puis laissez le tableau vous guider. Cette attitude vous aidera à vous limiter à ce que vous avez sous la main et à repousser la tentation d'utiliser certains tissus dont les motifs vous paraissent parfaitement accordés avec le sujet choisi : que vous ayez trouvé un tissu à motif de plumes et de la couleur exacte de l'oiseau que vous avez l'intention de récréer ne signifie pas que ce tissu convient au tableau. Il est possible qu'une couleur un peu différente soit mieux adaptée et que le motif de plume, utilisé tel quel, écrase toute la composition. Même quand on est peintre et qu'on peut faire des mélanges de couleurs pour obtenir exactement la teinte cherchée, on fait des choix dictés par ses goûts personnels et l'on ne produit pas des copies conformes de la réalité.

Atelier 2

LES TISSUS

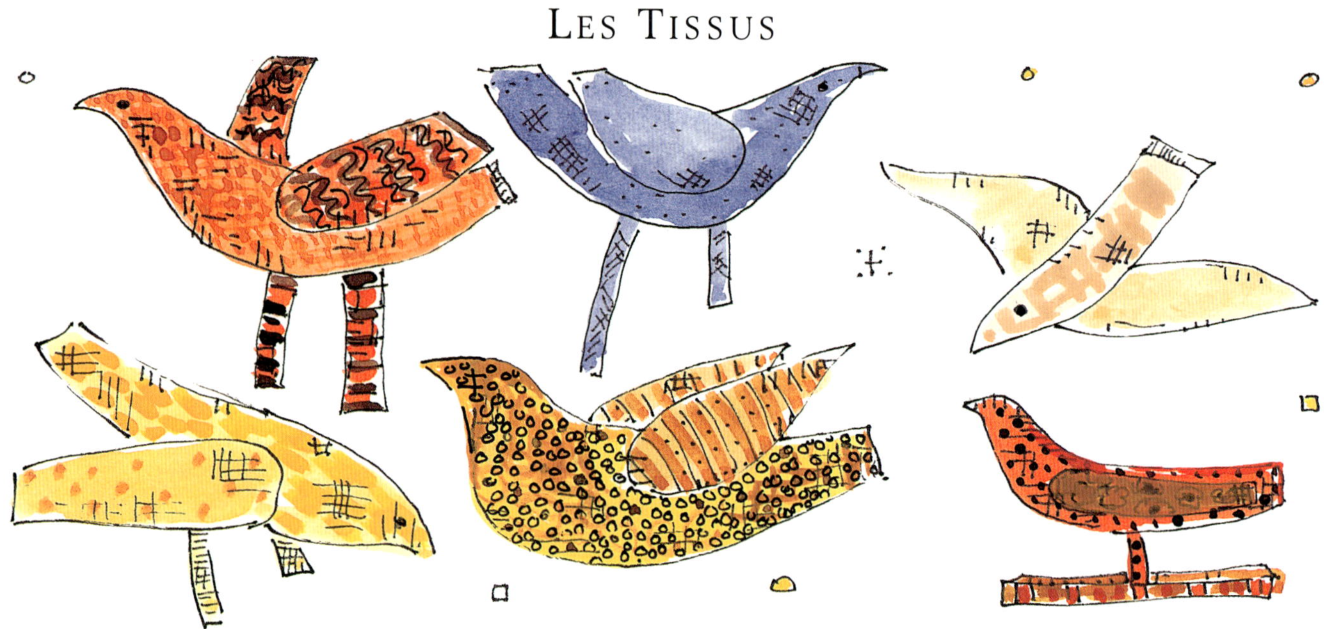

Oiseaux découpés dans des tissus différents

1. Commencez une collection de tissus.
2. Réunissez les tissus qui vous paraissent convenir à la représentation d'un oiseau. Pensez aux qualités des tissus destinés au fond et aux formes.
3. Il y a bien des années, j'ai commencé ce quilt en décidant d'incorporer dans l'ouvrage tous les morceaux de tissus que je possédais. Cet exercice m'a permis de comprendre la nature des tissus et je le recommande à tous ceux qui n'ont pas une grande habitude de la manipulation des textiles. J'ai utilisé la technique traditionnelle du patchwork anglais, rabattant les bords du tissu sur un gabarit de papier puis unissant les formes les unes aux autres. Il est aussi très amusant de découvrir à quel point, rien qu'en jouant avec les contrastes de lignes sombres et claires, on peut relier des dessins et des couleurs incroyablement variés. Plus tard, quand vous contemplerez votre quilt, les souvenirs afflueront. Vingt ans après, je me souviens encore très exactement d'où provenait chaque morceau d'étoffe.

Quilt de triangles

CHAPITRE 3

Le Fond et sa Préparation

11 x 8 cm

The Small Bird (Le petit oiseau)

Le fond est la base sur laquelle se construit un tableau. Le tissu choisi doit être de couleur appropriée et présenter les qualités nécessaires pour recevoir et soutenir tous les appliqués. Ensuite, il faut décider du format du tableau. Pensez que votre ouvrage sera en grande partie cousu à la main et qu'un grand tableau vous prendra beaucoup de temps. Je préfère travailler sur des petits formats qui exigent moins de temps de couture et me permettent d'exploiter un même thème en réalisant plusieurs tableaux. *The Bird and the Tiger* (L'oiseau et le tigre) a les dimensions maximales de ce que j'aime faire, tandis que *The Small Bird* (Le petit oiseau) et *An Enclosed Garden* (Un jardin clos) sont plutôt petits. Dans un plus petit format encore, la manipulation des morceaux de tissu devient trop malcommode pour être agréable.

60 x 60 cm

9 x 8 cm

CI-DESSUS : *An Enclosed Garden (Un jardin clos)*

À GAUCHE : *The Bird and The Tiger (L'oiseau et le tigre)*

Le choix du tissu de fond dépend aussi du format du tableau. Bien des gens ont une préférence soit pour le format paysage (plus large que haut), soit pour le format portrait (plus haut que large). Il faut que le format choisi vous satisfasse pleinement avant de commencer à ajouter les appliqués.

Le thème lui-même peut imposer un format. Quand j'ai décidé du format de *Garden for a Sacred Cow* (Jardin pour une vache sacrée), j'avais l'intention de créer une atmosphère convenant à une vache indienne. Je choisis deux rectangles irréguliers, faisant penser à des

23 x 23 cm

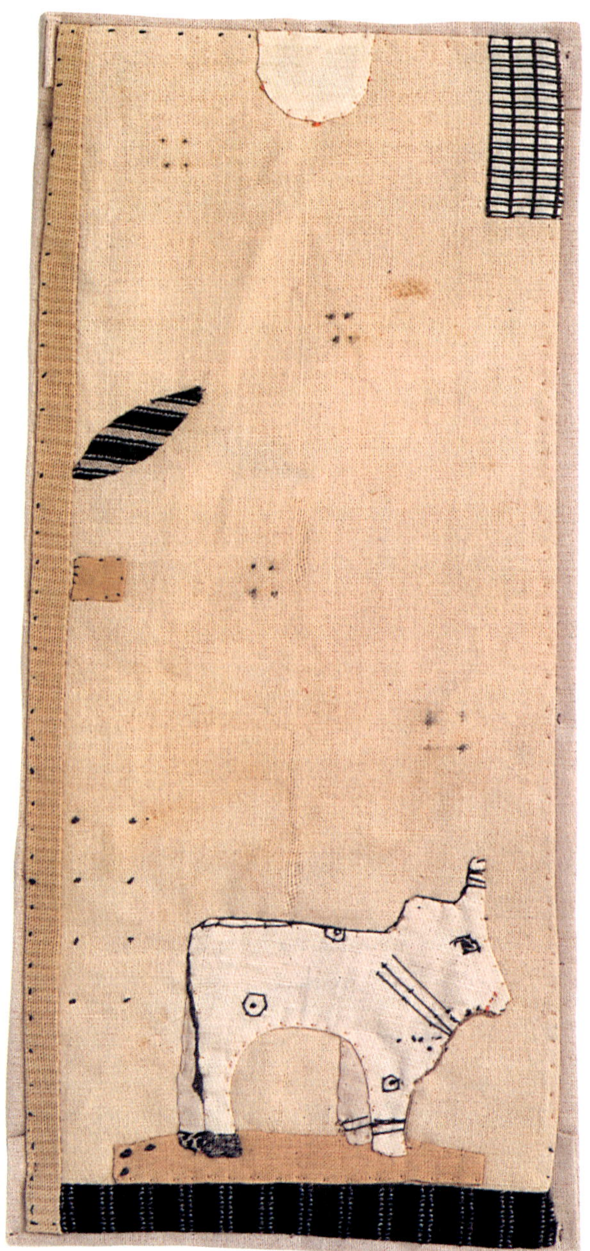

Garden for a Sacred Cow (Jardin pour une vache sacrée)

blocs de pierre taillée et suggérant des ruines monumentales, peut-être l'entrée d'un temple ancien. C'est ainsi que le sujet a dicté la forme du fond.

Dans d'autres cas, c'est la forme de l'appliqué qui dicte la forme du fond. Par exemple, un vase de fleurs de forme élancée paraîtra mieux équilibré sur un fond au format portrait, mais il peut aussi être placé sur un fond de format carré ou de format paysage pour faire davantage d'effet. Les variantes sont infinies et il est utile de regarder beaucoup d'images et de tableaux pour voir de quelle façon un sujet occupe son fond. Certains sujets recouvrent la plus grande partie du fond, d'autres sont éparpillés dans un grand espace vide. N'ayez pas peur des espaces vides : ils comptent autant que les appliqués dans une composition.

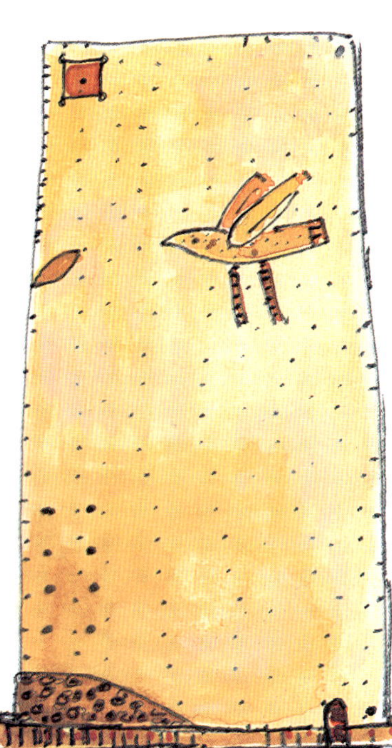

Étude de formats

Au fur et à mesure qu'un tableau avance, le fond peut se révéler trop petit ou sa forme inadaptée, et donner alors envie de changer les dimensions, le format, ou les deux. C'est facile, quand on travaille avec les textiles : la forme d'origine peut être construite à partir de plusieurs fonds séparés ou augmentée en ajoutant simplement d'autres morceaux de tissu. *Girls at the Seaside* (Fillettes au bord de la mer), au début, était un rectangle. Puis l'idée de décrire la plage comme un grand espace s'étendant très loin s'imposa à moi et j'agrandis le fond par le bas en ajoutant un bord. Cette solution eut une conséquence inattendue : la ligne de couture apporta au tableau une dimension nouvelle en créant une démarcation entre la mer et le sable.

40 x 15 cm

Girls at the Seaside (Fillettes au bord de la mer)

Au début, le tableau intitulé *Reflections in a Square Pond* (Reflets dans un bassin carré) ne comportait que deux poissons nageant sur un petit rectangle de tissu. Puis, en plaçant des lignes onduleuses en fil de coton pour suggérer les courants aquatiques, je me rendis compte que le fond était trop petit et que les courants paraissaient se briser à mi-mouvement. Je résolus le problème de l'exiguïté du bassin en appliquant l'image sur un fond rectangulaire plus grand et continuai en créant un troisième bassin encore plus grand. Le nom même du tableau s'inspire de cette succession d'agrandissements : les trois fonds superposés me rappellent les reflets de constructions dans une eau calme.

De même, *Hens in the Farmyard* (Poules dans la cour de la ferme) devait à l'origine tenir dans un rectangle, mais en achevant le tableau, je découvris que, comme les poissons, les poules manquaient d'espace. Comme je n'avais pas de plus grand morceau de même tissu de fond, je cherchai d'autres solutions et posai le tableau sur d'autres tissus. La liberté et la facilité avec laquelle un tableau peut être modifié pour suivre une idée neuve est un des bonheurs du travail avec les textiles, mais c'est aussi un de ses défis. Quand vous vous trouvez à court d'un tissu, lui chercher un remplaçant peut avoir un côté vivifiant et susciter des orientations nouvelles.

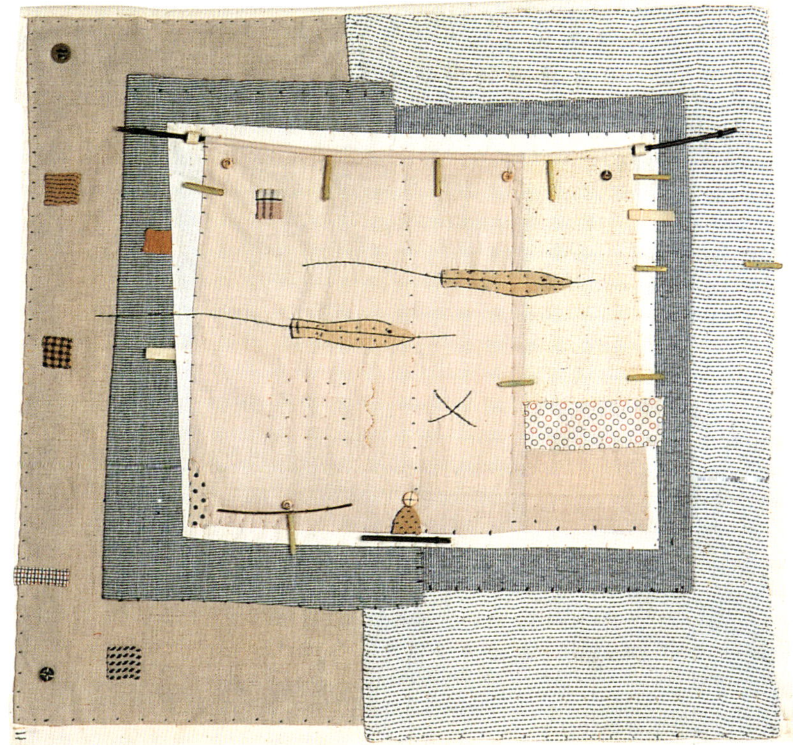

47 x 42 cm

25 x 14 cm

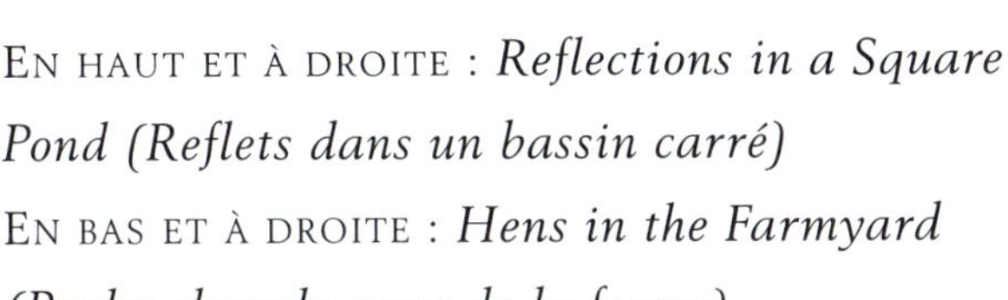

EN HAUT ET À DROITE : *Reflections in a Square Pond (Reflets dans un bassin carré)*
EN BAS ET À DROITE : *Hens in the Farmyard (Poules dans la cour de la ferme)*

Avant de vous décider pour une étoffe de fond, jouez un peu avec les tissus que vous envisagez d'utiliser pour les formes. Disposez les petits morceaux sur différents fonds. J'apprécie les fonds neutres ou très sombres, sur lesquels les autres couleurs accrochent la lumière. Le fond de *The Small Bird* est un calicot teint au thé.

Quand votre choix est fait, repassez le tissu et étalez-le sur un épais carton blanc ou crème, assez grand pour réserver une large marge tout autour. Ce carton est un accessoire très utile dont je ne saurais me passer pour travailler. Quand on travaille, on finit par se retrouver entouré de toutes sortes de petits bouts de tissus encombrants qui peuvent être des sources d'erreur. Ce grand carton permet d'isoler le travail en cours du désordre environnant, de le situer nettement dans le champ visuel et de délimiter un espace à l'intérieur duquel on peut déplacer les formes à son gré, en toute sécurité.

Un carton de travail

30 x 30 cm

Seedlings Spaced with Special Care (Jeunes plants séparés avec grand soin)

La genèse de *Seedlings spaced with special Care* (Jeunes plants espacés avec grand soin) est directement liée à cette technique. En m'inspirant des carrés très nets des semis expérimentaux de une ou deux graines, j'ai disposé sur mon carton de travail une série de petits carrés. J'avais l'intention de réunir ces carrés en un seul grand carré mais, au fur et à mesure du travail, je me suis intéressée aux blancs situés entre les carrés et j'ai décidé d'incorporer ce deuxième système de quadrillage à mon interprétation du thème.

Au fil des pages de ce livre, vous remarquerez que mes tableaux ont parfois des bords. Après avoir préparé le tissu de fond, j'ajoute souvent un bord en tissu puis je compose l'image. Mais un bord peut aussi être rapporté plus tard, une fois l'image en place. Toutefois, il est plus facile pour un débutant d'élaborer sa composition et de travailler sur un fond déjà encadré par son bord.

Recherche d'un bord adéquat

C'est souvent à ce stade que je double le tissu du fond. Cette doublure joue divers rôles : elle consolide le tableau et peut être essentielle si le tissu utilisé pour le fond est très léger. Elle cache les coutures et constitue une base sur laquelle coudre le fond. J'utilise en général de la doublure pour doubles rideaux ou une étoffe de même type.

Vous pouvez disposer la doublure de façon qu'elle soit visible sur l'endroit du tableau et, même, qu'elle fasse partie de l'image. Le cadre étroit dessiné par la doublure peut alors ajouter une touche de couleur qui relie l'ensemble de la composition. Une couleur acide, un contraste de tons, peuvent donner de l'éclat à une image paisible. Une couleur neutre peut assourdir et harmoniser une composition multicolore. Dans *Seedlings Spaced with Special Care*, chaque carré est placé sur une doublure choisie avec grand soin. Les petits éclats de couleurs fournissent précisément le contraste et les limites nécessaires pour que les jeunes plants aient l'air protégés et séparés. Sans ces touches colorées, le tableau serait assez mièvre.

Atelier 3

LE FOND ET SA PRÉPARATION

Une fois le sujet et les tissus choisis, préparez votre fond. Les illustrations ci-après décrivent, étape par étape, comment préparer un fond, faire des bords, coudre le fond et sa doublure. La dernière illustration représente une doublure montée de façon à être visible. Si vous ne voulez pas qu'il en soit ainsi, rentrez un peu plus le bord vif du tissu de doublure. Quand vous coupez vos morceaux, n'oubliez pas de prévoir 6 mm de marge tout autour pour les coutures.

CHAPITRE 4

Le Découpage des Formes

15 x 10 cm

Two Balloons floating Along (Deux ballons flottant dans le vent)

Lorsque vous avez pris une décision pour le fond et choisi les tissus, l'étape suivante consiste à découper les formes qui prendront place dans la composition. Pour un appliqué classique, le morceau a grossièrement la forme de la pièce appliquée, mais en plus grand.

Les formes sont épinglées, les bords vifs sont ensuite repliés et cousus. Il m'arrive aussi de découper des formes à la dimension exacte, sans marge pour les coutures, pour faire mes essais de composition. Seuls des essais faits avec des morceaux au format exact donnent une image fidèle du futur tableau. Il est impossible de se fonder sur des arrangements faits avec des morceaux pourvus d'une marge pour la couture : certaines formes se chevauchent, des espaces sont supprimés et l'on a une vision inexacte du futur tableau. Quand je suis satisfaite de mes arrangements avec les formes d'essai, je les remplace par des morceaux plus grands, taillés dans le même tissu, qui comportent tout autour une marge de 6 mm pour l'ourlet.

Les ciseaux doivent être en bon état. Rien n'est plus exaspérant que de « mâchouiller » un tissu entre des lames qui coupent mal, tandis qu'une coupe facile avec de bons outils cause un plaisir certain : la netteté de la coupe, sa précision, le crissement délicieux des lames qui tranchent l'étoffe procurent un vrai bonheur. N'hésitez pas à acheter une paire d'excellents ciseaux que vous réserverez exclusivement à la coupe des tissus.

Au moment de couper, je visualise la forme que je recherche et je la découpe, de chic, en tenant le tissu à la main et en le déplaçant pendant que je coupe. N'ayez pas peur d'utiliser cette méthode : vous l'utilisiez bien quand vous étiez enfant ! Coupez vos formes contre un arrière-plan uni : vous verrez mieux ce que vous faites. Si nécessaire, rectifiez la forme en la posant sur votre carton de travail. Maintenez-la du bout du doigt, soulevez le bord à rectifier avec la pointe des ciseaux et retaillez-le.

Reprise de tissu sur un morceau du bec

De nombreuses personnes trouvent plus rassurant de commencer par faire un gabarit de carton puis de tracer le contour de la forme sur le tissu avant de couper. Pour les formes simples, comme un pétale ou une tige, cette étape n'est pas nécessaire, mais certaines silhouettes compliquées de quadrupèdes ou d'oiseaux l'exigent parfois. Aux dernières pages de ce livre, je propose des gabarits pour les lecteurs qui doutent de leurs talents de dessinateur, mais vous pouvez aussi découper une image dans un magazine et l'utiliser comme patron-modèle.

Pour faire un gabarit durable, découpez-le dans du carton épais. Placez-le sur l'endroit du tissu et tracez le contour avec un crayon bien taillé. Pour inverser l'image, retournez le gabarit à l'envers.

La plupart des images sont composées de lignes droites et de courbes. Pour les courbes, coupez le tissu dans le biais (la diagonale du tissage). Le morceau sera plus élastique et ses bords s'adapteront plus aisément aux courbes.

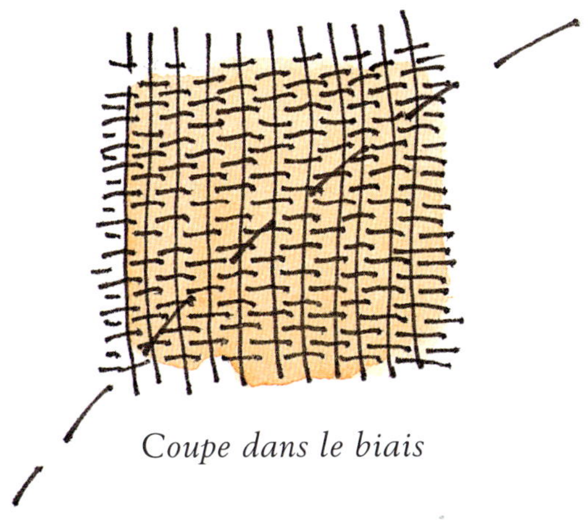

Coupe dans le biais

Un dernier point : si vous examinez les quatre illustrations ci-après, vous remarquerez que certaines formes sont d'un seul morceau et que d'autres sont faites de formes coupées séparément. La seconde méthode donne plus de souplesse pour traduire des modifications de couleur, de texture et de disposition. Dans une image composée de plusieurs formes séparées, vous pouvez aussi dessiner plus facilement des angles aigus.

23 x 18 cm

The African Goose (L'oie africaine)

20 x 10 cm

This Year's Lamb (L'agneau de l'année)

10 x 7,5 cm

Two Bears (Deux ours)

12,5 x 9 cm

The Elephant (L'éléphant)

Atelier 4

LE DÉCOUPAGE DES FORMES ET LA COMPOSITION

20 x 12 cm

Mouton en fabrication

Note : toutes les formes que vous découperez dans cette séance de travail sont des formes à la dimension exacte de l'aspect définitif, sans marge pour la couture et convenant pour les essais.

1. Repassez les tissus avant de couper car les faux plis déforment les lignes de coupe et empêchent de lisser les tissus.
2. Si vous faites un tableau d'oiseau, découpez quelques formes simples d'oiseaux avec un gabarit, puis coupez-en quelques-unes à main levée, sans gabarit. Essayez de placer la forme contre un arrière-plan (une plaque de travail ou un carton). Le fait de « voir » la forme naître facilite beaucoup la coupe.
3. Découpez plusieurs formes d'ailes que vous placerez dans différentes positions.
4. Découpez des oiseaux dans des matériaux variés.
5. Découpez des oiseaux avec les pattes jointes et d'autres avec des pattes séparées.
6. Découpez quelques formes de fleurs et de feuilles.

Dessin des pièces préparées

CHAPITRE 5

La Composition

28 x 9 cm

Black Cat Surveying All (Chat noir surveillant tout)

La composition consiste à distribuer les éléments d'un tableau de façon à former un tout harmonieux, à créer une atmosphère et à obtenir un motif dans lequel formes et couleurs s'agencent agréablement. Nous prenons sans cesse des décisions concernant l'espace – à l'occasion de l'accrochage d'un tableau, de la décoration d'une pièce – et nous sommes tous conscients de la satisfaction éprouvée quand un nouveau meuble trouve parfaitement sa place dans une pièce, et de notre irritation quand il ne convient pas. Dans un tableau de tissu, c'est plus facile car, lorsqu'un élément ne convient pas, on peut déplacer les murs ! La composition est une étape passionnante. Ne vous laissez pas décourager par la démesure de vos options et n'obéissez qu'à une règle : votre bon plaisir.

Le choix des éléments à garder et à rejeter donne son « humeur » à un tableau. Parce qu'il est triste, spirituel, drôle, calme ou agité, il va susciter un grand nombre de réactions émotionnelles. Des formes et des couleurs assemblées au hasard peuvent créer une impression de confusion et d'affairement tandis que des formes disposées sur une structure quadrillée évoquent le calme et la stabilité.

Une composition n'est pas seulement formée de formes appliquées. Quand on arrange les morceaux de tissu, il est facile d'oublier l'impact de l'espace laissé entre eux. J'ai choisi *Black Cat surveying All* (Chat noir surveillant tout) pour illustrer l'importance de ces formes abstraites. Elles ne composent pas une image identifiable mais créent une atmosphère et donnent au tableau sa tonalité psychologique. Des formes pointues peuvent paraître agressives, traduire irritation et inquiétude, des formes horizontales aux courbes douces peuvent suggérer la quiétude et le calme. Comme ce qui me plaît le plus est le jeu des formes entre elles, je ne surcharge jamais mes compositions. Dans *Black Cat surveying All*, vous remarquerez que les formes situées entre le chat et les bords, et les formes négatives obtenues en plaçant les fleurs et le soleil, sont aussi définies et puissantes que celles des appliqués.

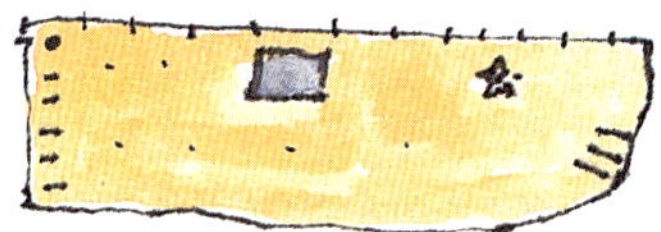

Formes intermédiaires

Par la simplicité des formes entourées de beaucoup d'espace, j'ai voulu accentuer l'attitude distante du chat et donner une impression de calme. J'aurais pu tout aussi bien placer mon chat sur de nombreuses formes plus petites et, par contraste, attirer l'attention sur son attitude réservée : mais alors, le tableau aurait donné une impression d'agitation et de nervosité.

Pour suggérer un jardin s'étendant devant le spectateur, j'ai mis des fleurs qui m'ont aussi permis d'interrompre le bord du bas et de créer un motif agréable. La queue qui sort du tableau a été placée de façon à libérer le chat du cadre imposé, et les fleurs qui rentrent de l'autre côté contrebalancent le fort mouvement directionnel. Les pattes du chat, solidement plantées dans le bord inférieur, donnent de la puissance à sa silhouette.

8,5 x 12,5 cm

Two Flowers (Deux fleurs)

Bien qu'il soit très tentant de commencer à coudre, ne vous hâtez pas. Cette étape est la plus longue. On me demande souvent combien de temps me prend un tableau. Je ne peux répondre à cette question et cela n'a guère d'importance. Une simple composition comme *Two Flowers* (Deux fleurs) a exigé plus de temps que d'autres tableaux plus grands et composés d'éléments beaucoup plus nombreux.

Parfois, une composition se met en place vite et bien, mais il se peut aussi que vous arrangiez et réarrangiez sans aboutir à quoi que ce soit. Dans ce cas, mettez le tableau de côté et entreprenez autre chose, car il est pénible de s'acharner sans résultat. Quand on travaille trop sur un tableau, il peut arriver qu'on ne « voie » plus rien. Même au cours d'une journée très chargée, je trouve un petit moment pour donner un coup d'œil au tableau en train, et ce moment peut être productif et ouvrir de nouvelles perspectives, même si je n'ai pas le temps de toucher au tableau. Avec le travail sur tissu, rien ne sèche, aucun matériau ne se périme, tout attend votre retour. Je travaille sur plusieurs tableaux en même temps, allant de l'un à l'autre et regardant ainsi chacun d'eux d'un œil neuf.

20 x 16 cm

Behind our Back Garden (Au-delà de notre jardin de derrière)

17,5 x 6 cm

Kite Above the Yellow Bird (Cerf-volant au-dessus de l'oiseau jaune)

L'exploitation d'un thème offre bien des avantages car, au cours des recherches et des essais de composition, de nombreuses possibilités se présentent et l'on est tenté de les inclure toutes dans le même tableau, au risque de le surcharger et de le compliquer outre mesure. Quand on fait plusieurs tableaux sur le même thème, on sait qu'on réussira à caser toutes ses idées, et cette rassurante manne d'idées en réserve facilite le développement et l'orientation du travail.

La connaissance des valeurs colorées (c'est-à-dire la qualité d'un ton plus ou moins clair ou sombre) peut faciliter une composition. Le bleu, le jaune, le vert et le rouge, peuvent voisiner sans se nuire si leur valeur est la même.

En jouant sur les valeurs, vous pouvez donner de la profondeur à un tableau. *Barn on the Moor* (Grange sur la lande), au chapitre 2, qui renferme peu de contrastes de valeurs, est sans relief. Pour qu'un tableau paraisse comme « une fenêtre dans un mur », choisissez pour le devant du tableau des formes fortement contrastées. Pour créer l'impression de choses qui s'enfoncent en s'éloignant, diminuez graduellement les contrastes de valeurs entre les objets.

Fermez à demi les yeux et observez le vase de fleurs. Bien que de couleurs variées, toutes les fleurs se détachent sur le fond sombre. Si elles avaient été de la même couleur mais de valeurs différentes, le tableau n'aurait pas été bon. Certains détails « avanceraient », d'autres « reculeraient », donnant au motif un aspect plus vivant mais agité, bien éloigné de l'impression de calme et d'intemporalité que j'ai essayé de créer.

15 x 16 cm

The Vase (Le vase)

12,5 x 10 cm

Two Hares Listening (Deux lièvres aux aguets)

Ce tableau, avec ses grands lièvres dans leur petit cadre, doit sa réussite à l'équilibre entre les valeurs colorées. De même, le rapprochement entre les valeurs dans *The Lighthouse* (Le phare) unifie une composition faite de bords disparates et de petits éléments figuratifs formant bloc.

25 x 10 cm

The Lighthouse (Le phare)

Quand on fait un tableau, les valeurs, les formes abstraites et la couleur sont des outils dont on apprend le maniement. Mais il n'est pas question pour moi dans ce livre d'imposer des règles et de restreindre les libertés et les idiosyncrasies de chacun. Nous avons tous notre vision des choses et ne pouvons expliquer pourquoi certaines formes ou associations de couleurs plaisent aux uns et pas aux autres. Certains aiment la fermeté d'un dessin de fond géométrique, d'autres les tourbillons de courbes entrelacées. Les souvenirs, le caractère, l'expérience humaine, tout cela joue un rôle dans la création.

La texture et le tissage d'une étoffe peuvent influencer une composition.

16 1/2 x 11 cm

Brown Hare Leaping (Lièvre brun bondissant)

Pour *Hens in the Fields* (Poules dans les champs), je voulais donner l'impression d'un pré dans lequel des poules courraient en liberté. Comme mon tissu de fond contenait dans le tissage une ligne onduleuse, je le découpai en trois morceaux que je disposai différemment pour modifier la direction du tissage : j'obtins une sorte de puzzle faisant penser à des champs emboîtés. J'ajoutai de la profondeur pour suggérer des modifications de terrain en faisant des coutures doubles.

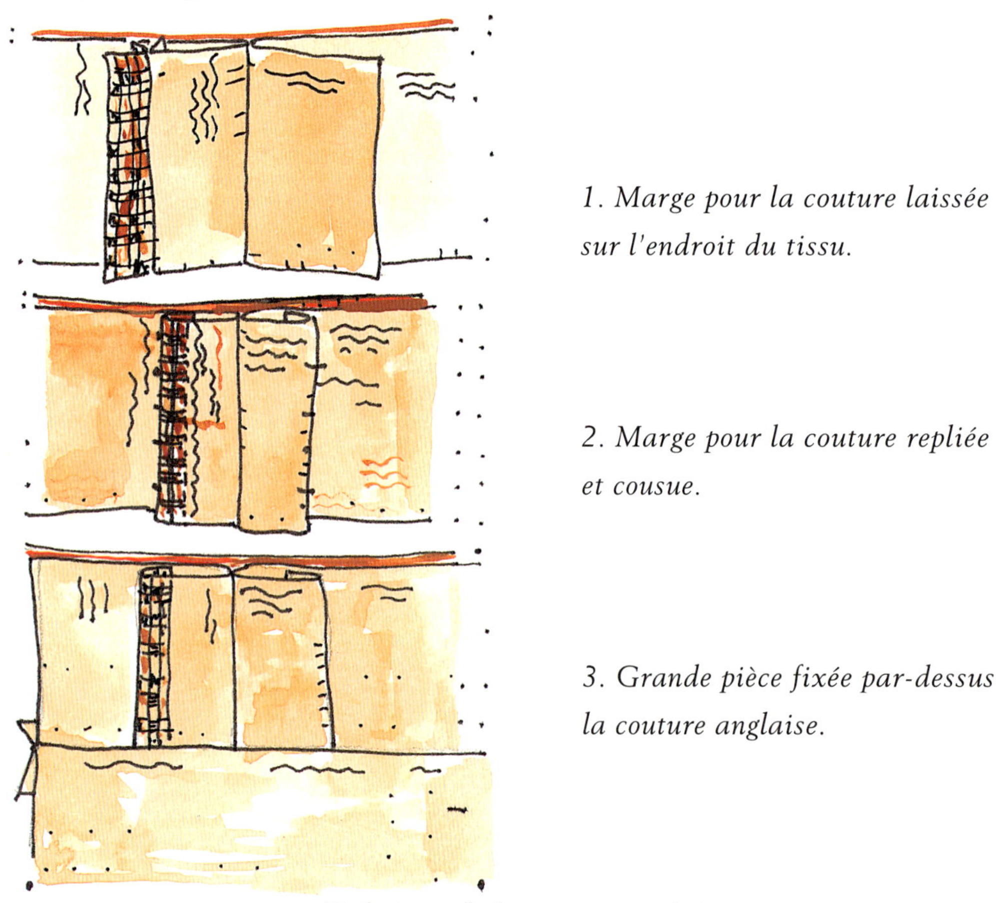

Technique de la couture anglaise

Mon fond étant monochrome et massif, il me fallait choisir le tissu des appliqués avec un soin particulier. Je choisis pour les poules des formes robustes et hardies qui, ajoutées au dôme et au rectangle placés dans le bas, contrebalancent parfaitement la moitié supérieure assez lourde du tableau.

20 x 20 cm

Hens in the Fields (Poules dans les champs)

Chaque libellule : 9 x 11 cm

Dragonflies (Libellules)

L'exploration des possibilités de composition d'un tableau ne cesse que lorsque que le tableau est encadré et suspendu. En faisant *Dragonflies* (Libellules), j'ai utilisé la position des ailes, de la tête et du corps pour suggérer la légèreté du vol. Le contraste entre le cadre rigide et les petits carrés symétriques m'a aidé à créer l'impression de déplacement. Quand j'eus terminé le tableau, je décidai de lui faire un pendant car je pensais que la répétition de ces courbes douces entraînerait l'œil d'un tableau à l'autre, de la même manière précipitée qu'un vol de libellule.

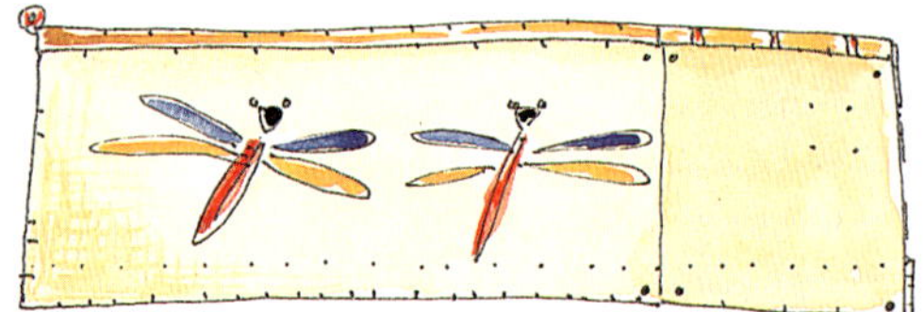

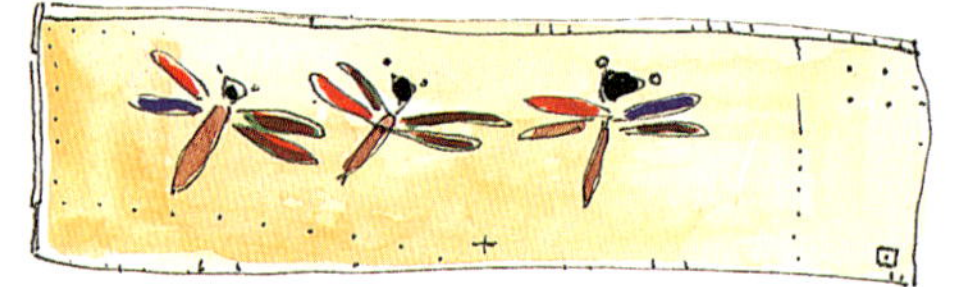

Variations sur un thème

12 x 6,5 cm et 10 x 5 cm

Two Angels Gliding by (Deux anges planant)

Le tableau *Two Angels Gliding* était au départ deux tableaux séparés, mais je les vis par hasard côte à côte et compris que, du point de vue de la composition, leur effet, ensemble, était plus puissant, malgré leurs différences.

Atelier 5

COMPOSITION ET ARRANGEMENT DES FORMES

Recherches de disposition des formes

Vous pouvez commencer par accumuler des formes d'oiseaux découpées, prêtes à disposer sur le fond. N'oubliez pas de faire des essais sur le grand carton de travail pour mieux voir l'effet obtenu.

Prenez votre temps, accordez-vous toutes les chances de noter les différences que peut entraîner un minime déplacement des formes. En général, un tissu tient sur un autre tissu et il est inutile de l'épingler, ce qui accélère le travail et favorise la spontanéité. Terminez un arrangement, puis mettez-le de côté pendant 24 heures. Quand vous le reprendrez, vous remarquerez souvent des aspects qui vous ont échappé la veille.

19 x 6,5 cm

Mise au point de One Bee, One Hive (Une abeille, une ruche)

One Bee, One Hive (Une abeille, une ruche) est un tableau en cours avec des essais de formes, de couleurs et de positions différentes, avant d'aboutir au choix final.

CHAPITRE 6

Le Rentré des Bords ou le Dessin à l'Aiguille

16 x 17 cm

Two Hens (Deux poules)

Les éléments principaux du tableau sont maintenant en place, mais cela n'exclut pas la possibilité d'exploiter de nouvelles idées, de modifier des détails ou même de se lancer dans des modifications plus importantes. En disposant les formes, vous vous rendrez compte à quel point un petit déplacement peut modifier l'aspect et l'atmosphère d'une composition. C'est pourquoi le rentré des bords des appliqués est un processus capital car c'est durant cette étape que les motifs d'un tableau acquièrent leur forme définitive.

Les photographies ci-après illustrent la technique du « dessin » à l'aiguille et de l'application d'une pièce sur le fond. C'est en effet avec la pointe de l'aiguille que l'on rentre le bord vif du tissu avant de coudre la pièce à petits points invisibles.

Choisissez le morceau que vous voulez appliquer en premier. En général, je commence par l'élément principal. N'oubliez pas d'ôter les formes avec lesquelles vous avez mis au point la composition pour les remplacer par des formes plus grandes en même tissu comprenant une marge de 6 mm au moins pour l'ourlet. S'il est facile de rogner un peu le bord du tissu une fois le repli marqué avec l'ongle, il est difficile de rentrer un bord très étroit. De plus, certains tissus tiennent moins bien le pli que d'autres.

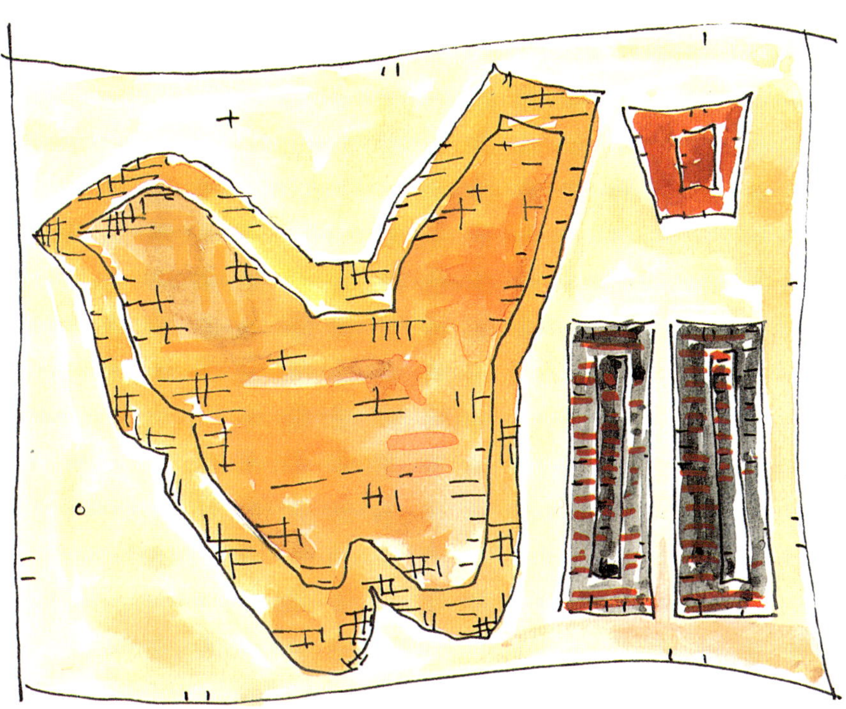

1. Ôtez les formes d'essai et découpez une série de pièces de même forme mais comprenant un surplus de 6 mm tout autour pour le repli.

2. Placez les pièces en suivant le plan de composition.

3. Pour coudre un appliqué sur le fond, commencez par le bord le plus droit du morceau que vous fixez à l'aide de deux petits points superposés. Dessinez la forme de l'image en rentrant le bord avec la pointe de l'aiguille. Pour coudre, piquez l'aiguille dans l'envers du fond, sortez-la sous la pièce et attrapez quelques fils du bord replié. Repiquez l'aiguille dans le fond à côté de son point de sortie. Tout en cousant, vérifiez la forme sur l'endroit du travail tous les deux ou trois points avant de continuer.

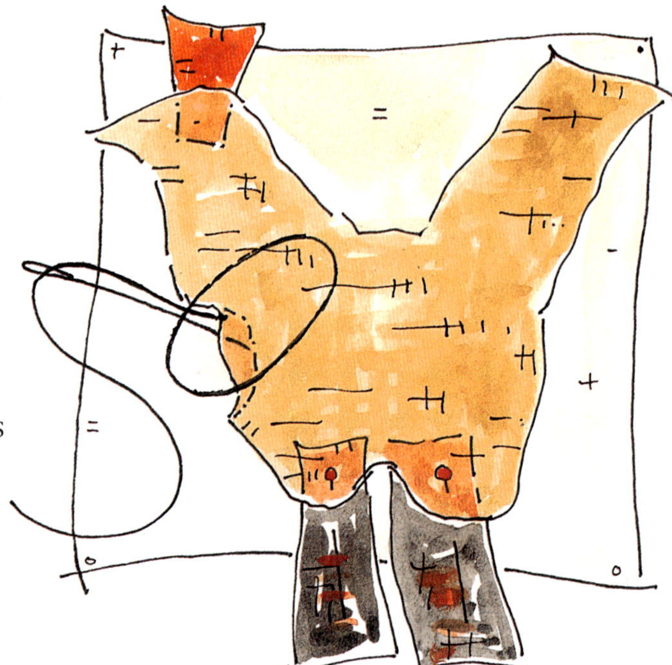

4. Les pattes : rentrez les bords des pattes, puis cousez en travers des pattes.

5. Faites le tour de la queue en rentrant les bords.

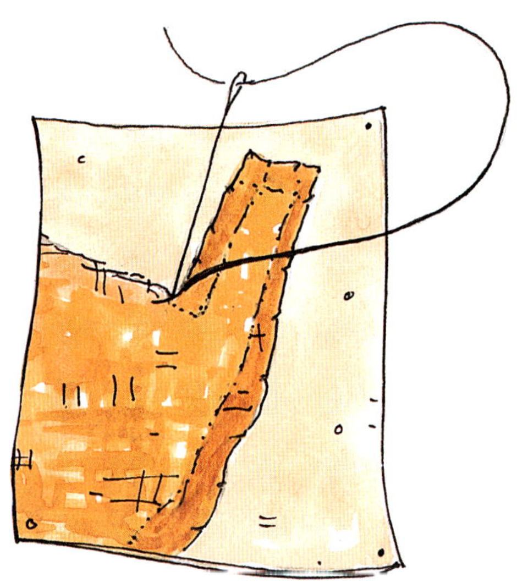

6. Décidez de la profondeur des échancrures.

7. Cousez en travers de la crête.

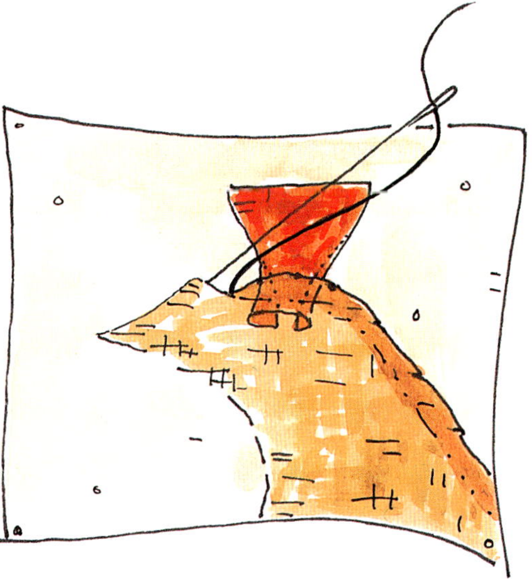

8. Rentrez le tissu au niveau de l'échancrure du cou.

9. Le corps est terminé. Revenez en arrière pour terminer les pattes et la crête. La décision de la place des pattes est déjà prise, mais vous pouvez avoir envie de modifier un peu leur position. Une patte raide peut s'incurver légèrement par exemple. Le tissu est un matériau souple et docile et il se prête très bien à de petits déplacements.

Si le tissu fronce quand vous rentrez le bord, donnez de petits coups de ciseaux perpendiculairement au bord pour l'assouplir. Quand on travaille sur des morceaux de petite taille en tissu léger, le crantage est rarement nécessaire. Quand on applique les formes, on remarque à quel point il est facile de rentrer les bords qui ont été coupés dans le biais et de former des courbes.

Une fois la première forme appliquée, vous pouvez modifier légèrement l'agencement des autres formes. Un avantage du travail avec le tissu est qu'il permet des modifications jusqu'au tout dernier point de couture. Vous pouvez toujours éliminer des formes ou en ajouter. Gardez l'esprit très ouvert et n'hésitez pas à abandonner votre intention première si le tour que prend le tableau vous invite à changer de direction.

12,5 x 12,5 cm

Two Brown Hens (Deux poules brunes)

20,5 x 20,5 cm

The Hen Coop (La cage à poules)

Atelier 6

Blue Bird in the Early Morning (Oiseau bleu au petit matin)

23 x 9 cm

Mise au point de Blue Bird in the Early Morning (Oiseau bleu au petit matin)

1. Enlevez les formes d'essai, remplacez-les par des formes comportant une marge pour la couture.

2. Épinglez, cousez. Quand des morceaux se chevauchent, commencez par coudre la pièce du dessous sur le fond. Dans la majorité des cas, il vaut mieux travailler en remontant du bas en haut et de l'arrière-plan vers le premier plan. Ne rentrez pas les bords des appliqués qui doivent être recouverts par une autre pièce.

J'ai conçu ce marquoir *Flower Sampler* (Tableau de fleurs) pour réunir diverses expériences de « dessins » et de techniques dont vous aurez besoin, quelle que soit la complexité de l'image à réaliser.

Flower Sampler (Tableau de fleurs)

Fleur A. Tous les pétales ont des bords courbes. Choisissez une grande variété de tissus, dont des soies, des polyesters et des cotons, pour vous exercer au travail sur des matériaux différents. Coupez certains morceaux dans le droit fil et d'autres dans le biais.

Fleur B. Tous les pétales ont des bords droits. Choisissez des tissus variés, mais exercez-vous à former des angles aigus.

Fleur C. La fleur circulaire est composée de plusieurs épaisseurs de tissus épais. Vous pourrez voir ainsi si vous aimez cet aspect rembourré et l'utiliser dans un tableau ultérieur.

Tiges. Coupez-en une dans le biais, l'autre dans le droit fil et appliquez-les en les courbant. Vous noterez ainsi la différence. Avec le tissu taillé dans le biais, les courbes formées sont très élégantes. Le tissu droit fil est beaucoup plus difficile à façonner.

CHAPITRE 7

Les Points Décoratifs

24 x 18 cm

Ballooning over the Hill (Promenade en ballon au-dessus de la colline)

Même le point décoratif le plus simple peut transformer un tableau. Un point de broderie se place avec la même précision qu'un trait de crayon ou de plume et s'utilise de la même façon pour accentuer un détail, attirer l'œil. Même exécuté avec minutie et précision, un point ne peut lasser car il n'est jamais exactement le même. Et si vous n'aimez pas le point que vous avez fait, ne vous désolez pas, le tissu est miséricordieux : vous pouvez le découdre et faire disparaître le petit trou en tiraillant doucement le tissu. Il est possible ainsi d'essayer plusieurs points sans risque.

Pour faire des points décoratifs, il n'est pas besoin d'être expert en de nombreux points de broderie. On peut même inventer ses propres points car un point est un trait expressif, une « marque ». Sur les schémas ci-dessous, sont représentés quelques points qui peuvent être utilisés inlassablement et qui font beaucoup d'effet. Le problème est de savoir lequel utiliser et où le placer.

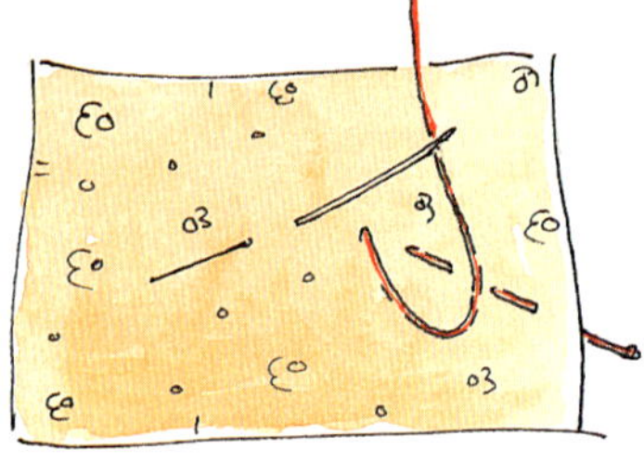

Point avant

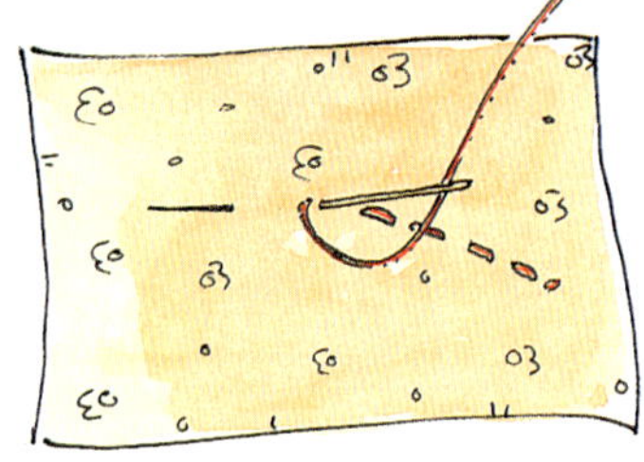

Point arrière

Le point arrière
Un point arrière marque fortement le tissu et permet de tracer des séries de points ou des petites lignes.

Le point de surjet
Le point de surjet joue un rôle purement décoratif car il est ajouté sur des morceaux de tissu déjà unis à la machine ou à la main.

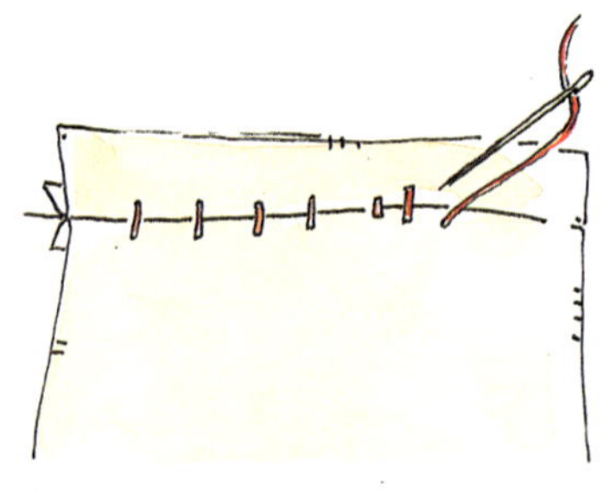

Point de surjet

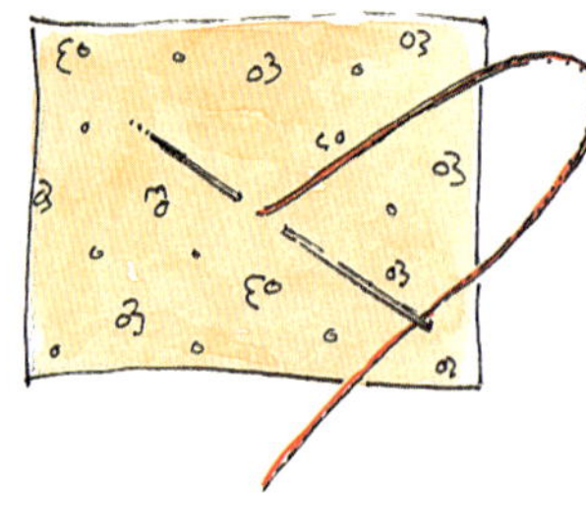

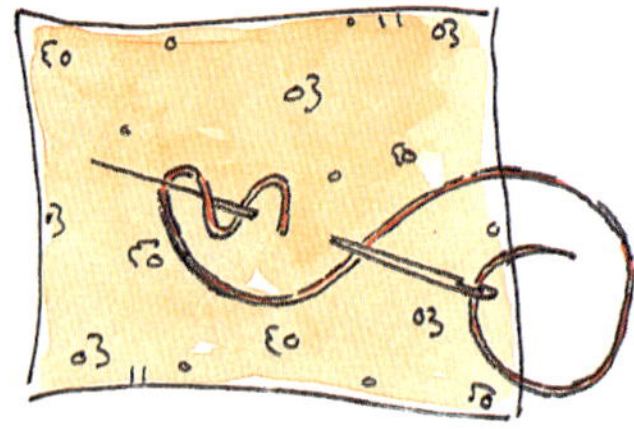

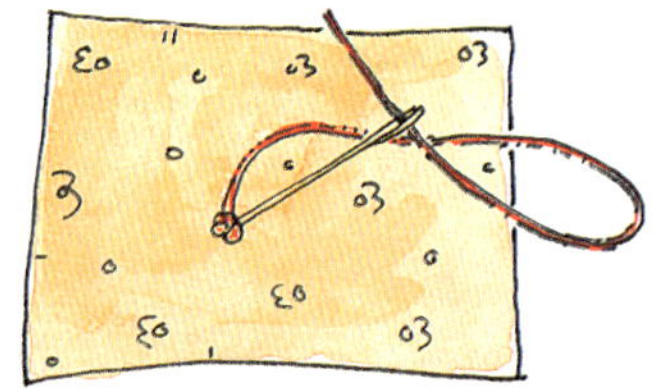

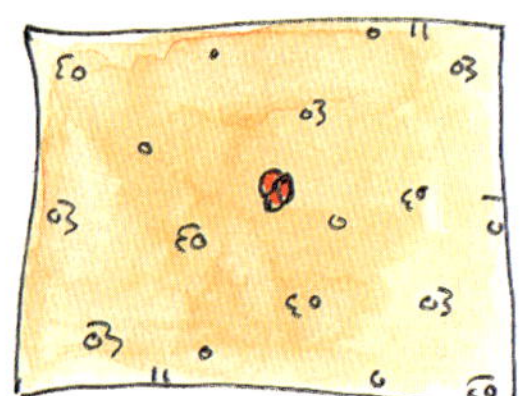

Point de nœud

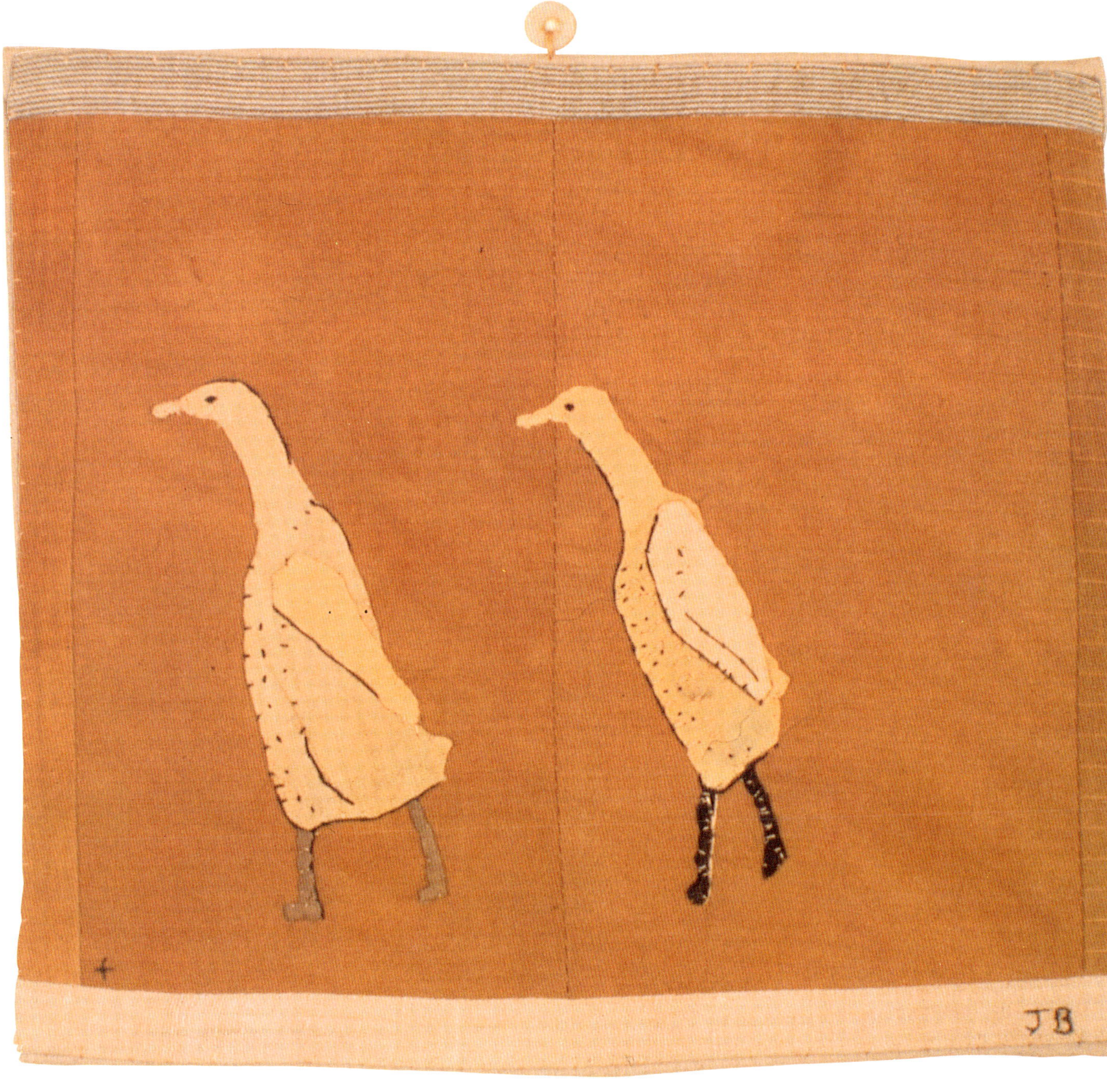

19 x 17 cm

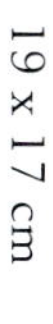

Two Runner Ducks (Deux canards coureurs)

Waiting for Night to Fall (En attendant que la nuit tombe)

Pour montrer l'importance de ces « marques » et l'étonnante efficacité d'un petit groupe de points, j'ai choisi deux tableaux de chouette. Leur format est simple et les tableaux comportent peu d'éléments, de façon à ne pas détourner l'attention des chouettes. Examinez les bords des tableaux et notez la variété des petits points arrière noirs. Leur irrégularité attire le regard et permet d'insister sur le format du tableau. Comme je ne voulais pas qu'on distingue les deux morceaux du fond, je les ai assemblés à la machine. La régularité du point rend la couture discrète. Et puis une couture à la machine est rapide, ce qui laisse plus de temps pour les aspects les plus intéressants d'un tableau.

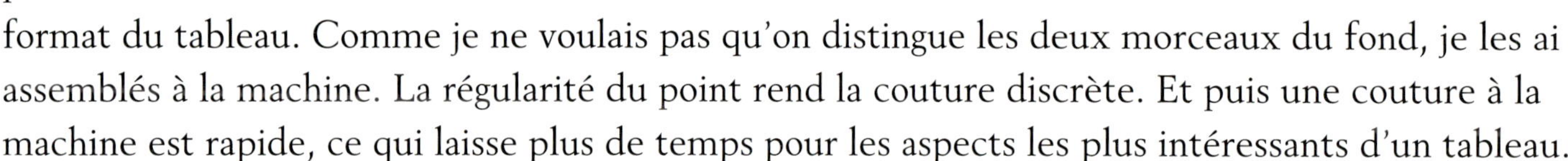

Une ligne de points est aussi expressive qu'un trait de crayon. J'ai ajouté aux bords des deux tableaux de gros points presque droits qui donnent une impression de calme et d'immobilité. Si, pour une autre espèce d'oiseau, je voulais créer un mouvement d'envol, je broderais une série de grands points obliques.

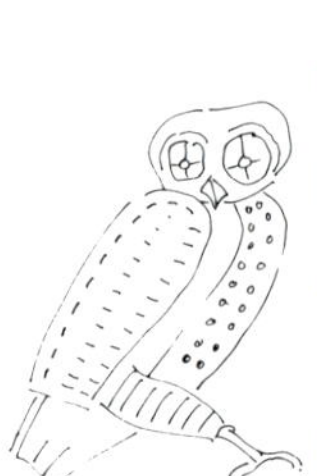

Pour suggérer les plumes, j'ai utilisé divers points, mais jamais ne n'ai essayé de « dessiner » la forme de vraies plumes. Je me suis plutôt efforcée de fragmenter la texture de surface avec un

18 x 13,5 cm

At Dusk (Au crépuscule)

motif plaisant et suggestif. Vous n'avez nul besoin d'être fidèle à votre modèle. Créez une image qui vous plaît, même imaginaire. Si vous examinez les cordages de mon tableau de ballon, page 79, vous comprendrez ce que je veux dire par mon mépris des représentations conventionnelles. Les cordages qui passent sur mon ballon ne doivent pas fonctionner et je n'aimerais pas voyager dans cette nacelle, mais c'est la position des cordages qui fait que, pour moi, l'image a pris vie.

Pour déterminer la forme de l'aile dont la couleur se distingue à peine sur le fond, j'ai utilisé une technique de point très utile, la couchure.

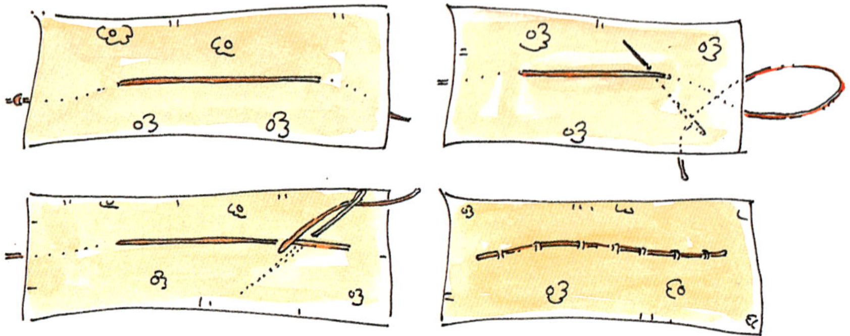

Technique des couchures

Comme vous pouvez le constater, une couchure est un point linéaire. C'est une technique très adaptable et vous pouvez faire des essais en coupant plusieurs morceaux de fil et en les plaçant dans diverses positions jusqu'à ce que le résultat vous plaise. Fixez-les ensuite sur le fond. Utilisez du fil de coton pour machine pour les lignes et mettez-le en double si vous voulez que les traits soient plus marqués.

La souplesse d'une ligne au point de couchure est idéale pour représenter les arbres.

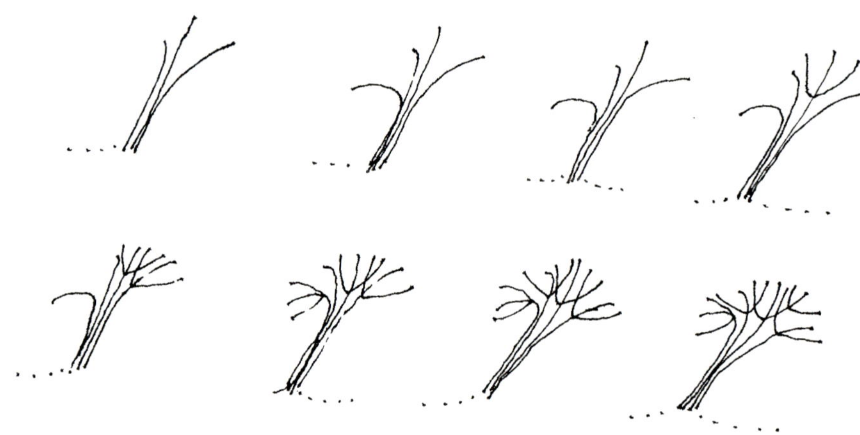

Un arbre au point de couchure

J'utilise aussi cette technique dans mes tableaux de cerfs-volants, pour représenter le mouvement des ficelles et les membres des joueurs.

Les corps d'enfants sont composés de petits morceaux de tissu, mais leurs mouvements sont représentés par des points de couture.

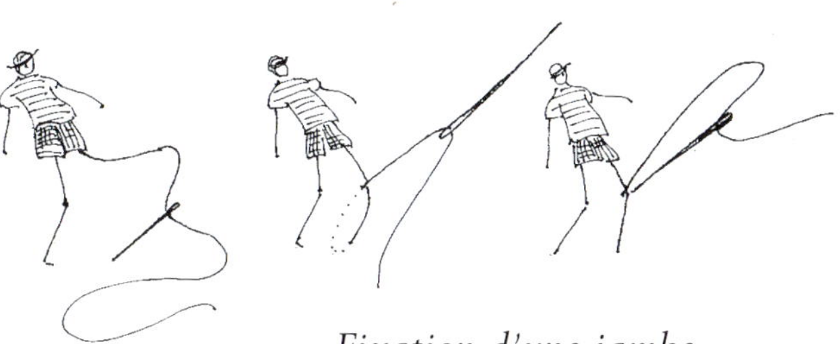

Fixation d'une jambe

Ou les points sont si petits qu'ils n'ont pas besoin d'être fixés par une couchure, ou le point est plus grand et vous le fixez alors par un point de couchure dans l'angle pour former la flexion du genou.

Détail

Variations sur des queues de cerfs-volants et des enfants

Three Girls Flying Three Kites (Trois fillettes aux trois cerfs-volants) 33 x 9 cm

11 x 10 cm

The Blue Party Hat (Le chapeau de fête bleu)

Il peut être amusant de représenter des visages avec des points de broderie. Quand on dessine des visages sur du papier, on est étonné de voir les résultats obtenus en quelques coups de crayon. L'expression est souvent inattendue et un grand nombre de motifs résultent de hasards heureux. Commencez par dessiner des visages sur du tissu et cousez sur les lignes. Vous ne tarderez pas à avoir assez confiance en vous pour « dessiner » avec une aiguille et du fil.

Le point avant

Le point avant (ou point devant) permet de donner à un tableau une impression de mouvement. Pour suggérer les courants de vent dans *Kite on a Cold and Windy Day* (Cerf-volant par une journée froide et venteuse), j'ai garni la vaste étendue de ciel d'un point avant. Notez que les deux tissus de fond ont été matelassés séparément, les légères différences suggérant les rafales de vent. Je surajoute ce genre de points quand l'image est en place et que je peux traverser avec l'aiguille les épaisseurs de tissu, y compris la doublure. L'ouvrage est cependant encore assez léger et souple pour permettre de former avec l'aiguille quatre ou cinq points avant de tirer l'aiguillée. La tension du fil dépend de la netteté et de la profondeur que vous voulez donner aux rainures formées par les lignes de points.

27 x 20 cm

Kite on a Cold and Windy Day (Cerf-volant par une journée froide et venteuse)

À ce stade, si vous traversez toutes les épaisseurs de tissu et si vos points intéressent tout l'ouvrage, les décisions prises sont irréversibles car, si vous décousez ensuite de grandes zones, celles-ci paraîtront abîmées.

Les lignes de couchure représentant les arbres ont été ajoutées après la piqûre au point avant. Si elles avaient été faites en premier, la tension du fil au moment de la broderie au point avant les aurait sans doute déformées.

Atelier 7

Les Points décoratifs

Détail des lignes de points

1. Exercez-vous à faire des points plus ou moins rapprochés, de longueur et de tension variées, sur un carré de cotonnade.

2. Exercez-vous sur des tissus de poids différents.

3. Faites des lignes de points en traversant plusieurs épaisseurs de tissu, comme pour matelasser. N'essayez pas de reproduire les points réguliers et précis des capitonnages traditionnels et laissez le tableau vous dicter l'aspect de vos points. Les points avant créent tout naturellement des lignes courbes. Si vous voulez des lignes droites, il faut installer votre ouvrage sur un métier à matelasser.

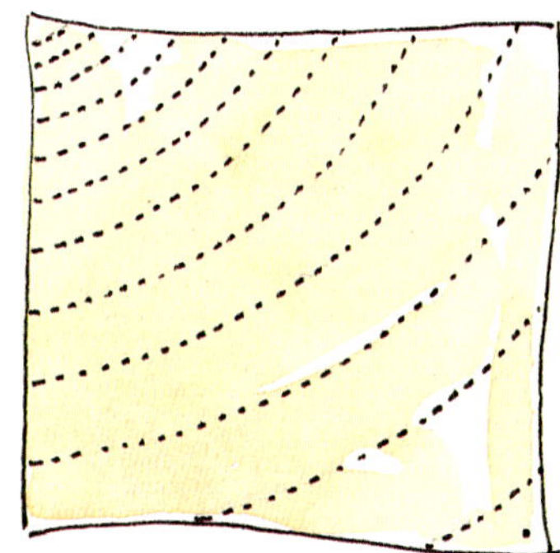

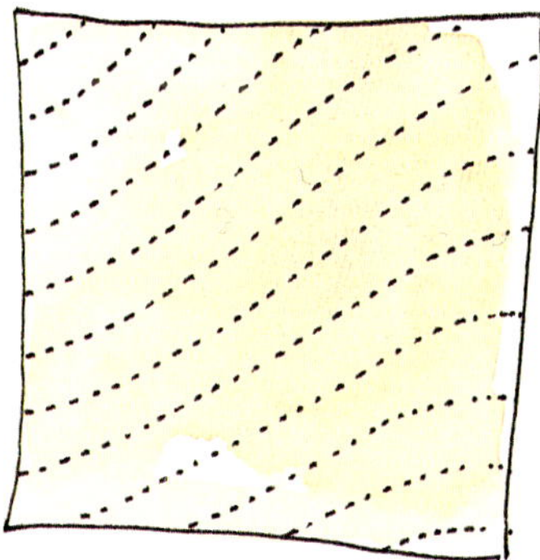

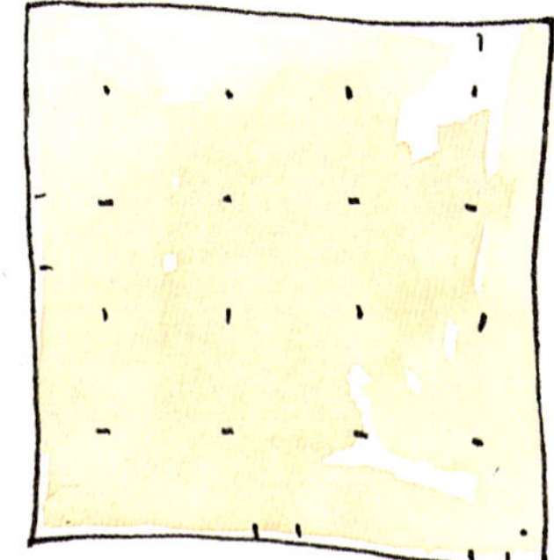

Divers types de lignes de points

4. Sur un fond, cousez des maisons très simples en tissu et dessinez à l'aiguille les portes et les fenêtres.

Formes de maisons faciles à assembler ou à appliquer

Il ne faut que quelques points. On est souvent tenté d'ajouter beaucoup de détails, mais alors le résultat est trop dense et attire trop l'œil. Il suffit de donner des indications : un ou deux traits suffisent pour une fenêtre, le cerveau du spectateur complétera.

Détail de Kite on a Cold and Windy Day

5. Observez les arbres avec attention et essayez de créer différentes silhouettes.

CHAPITRE 8

Les Objets Ajoutés

18 x 14 cm

The Summer House (La maison d'été)

J'adore utiliser des objets trouvés et ajouter à mes tableaux des matériaux non textiles auxquels j'attribue un rôle dans la composition. Les contrastes ou les analogies entre les matériaux donnent une nouvelle dimension au tableau. Par exemple, la surface brillante et réfléchissante d'une perle de verre accentue la douceur d'un tissu qui absorbe la lumière. Les touches vives attirent l'œil et l'attention du spectateur. La surface mouchetée d'une perle en os s'harmonise avec les couleurs variées d'un fond teint au thé, ou, encore, le contraste créé par la dureté de l'os crée une tension entre les différents tissus.

Les tableaux représentés ci-après révèlent comment j'utilise les objets ajoutés.

Quand on travaille avec des textiles, il est tout naturel de surajouter des objets liés aux ouvrages à l'aiguille, mais ce n'est pas parce qu'un bouton porte une image de bateau ou a la forme d'un bateau qu'il a sa place dans une marine. L'idée peut paraître bonne au départ, mais, sauf si sa couleur, sa texture et sa forme conviennent parfaitement, il vaut mieux résister à l'envie de le mettre dans le tableau : obliger un objet à jouer un rôle dans l'image parce qu'il vous plaît follement peut créer des problèmes de composition.

11 x 11 cm

The Christmas Hare (Le lièvre de Noël), avant et après l'ajout des sequins

The Christmas Hare (Le lièvre de Noël) représente une silhouette claire qui bondit sur un fond sombre. Pendant le travail, je savais qu'il me faudrait trouver un lien visuel entre le lièvre et le fond pour maintenir le lièvre en place. Je pensais utiliser un point de nœud blanc, mais il n'était pas assez visible et disparaissait dans toute cette neige ! Des sequins éparpillés donnèrent à mon tableau non seulement l'équilibre voulu, mais aussi les étoiles du ciel nocturne. J'aimais bien les jeux de lumière dans les sequins tout en craignant qu'ils détournent l'attention du sujet principal, mais, en fin de compte, la silhouette du lièvre fut assez puissante pour s'imposer.

J'utilise aussi volontiers l'osier, qui est très facile à adapter et s'accorde bien avec le tissu. Il s'achète dans le commerce en différentes grosseurs. Il peut être coupé, refendu, peint, cousu ou lié, et est assez souple pour former des courbes sans devoir être plongé préalablement dans l'eau.

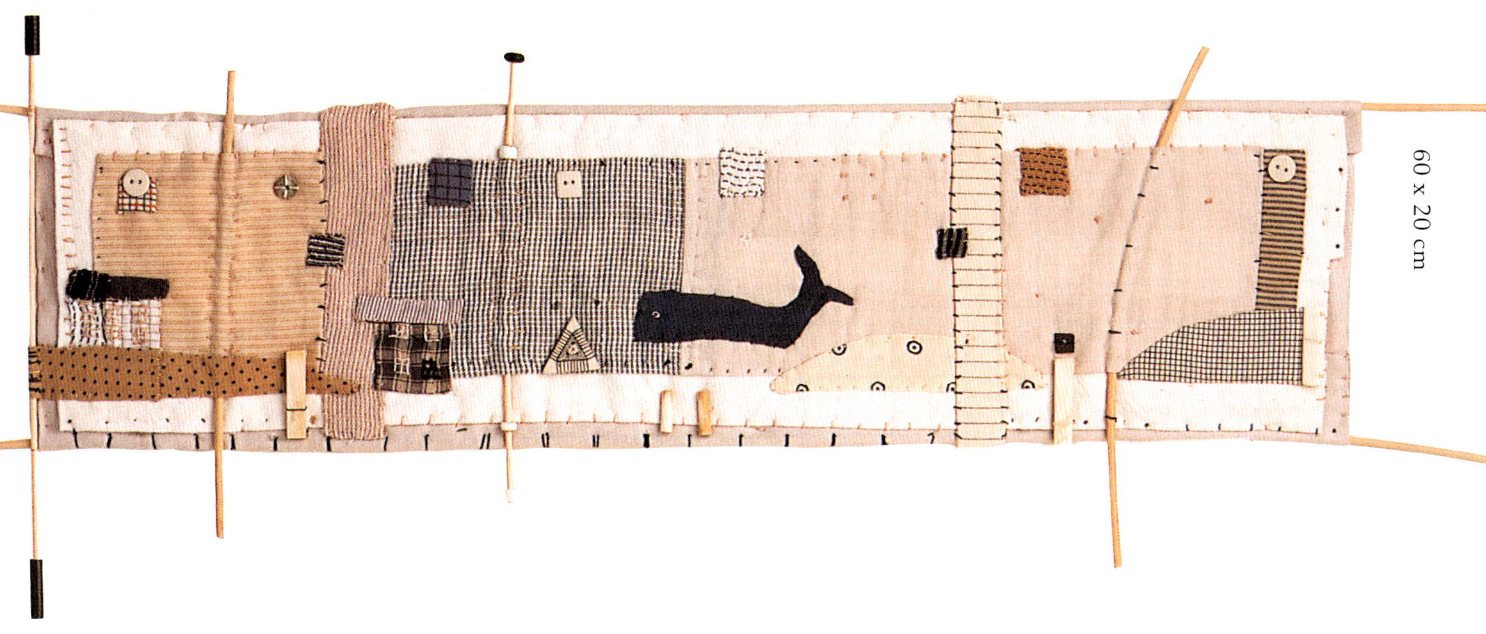

The Whale coming close to Shore (La baleine approchant du rivage)

Pour *The Whale coming close to Shore* (La baleine approchant du rivage), j'ai utilisé de l'osier non peint car sa couleur s'harmonisait avec la palette des tissus et les tiges me rappelaient les mâts de vieux voiliers. En pensant à des voiles, j'ai enfilé une tige entre des morceaux de tissu pour maintenir les tissus en forme et j'ai cousu le long de l'osier pour former une gaine. L'arête et l'ombre créées par cette couture se sont alors intégrées dans la composition.

De temps à autre, l'intérêt d'un objet trouvé justifie qu'il devienne l'argument même d'un tableau. Comme j'avais trouvé ce petit oiseau dans une boutique de perles, je me suis sentie obligée de lui donner un logis.

26 x 8 cm

Exotic Bird (Oiseau exotique)

Les boutons sont une de mes grandes passions. Je suis émerveillée quand je pense qu'un si petit objet puisse être l'indicateur subtil d'un style et d'une époque. Les boutons, dans leur forme moderne, remontent au XIVe siècle. Leur fabrication fait appel à tous les matériaux imaginables : bois, verre, émail, semence de perle, pierres précieuses, os, métal et tissu. Leur histoire me fascine et je me plais à imaginer leur emploi. Une simple carte de boutons achetée dans un grand magasin peut me procurer autant de plaisir qu'une précieuse antiquité.

Je possède une collection de boutons et, voici quelques années, j'ai eu envie de rendre hommage à ces petits objets, gardiens sous-estimés de la pudeur humaine.

Dans *Favourite Buttons and Pieces of Old Fabrics* (Boutons favoris et morceaux de vieux tissus), je voulais utiliser de l'osier pour créer un quadrillage dans lequel présenter mes boutons et mes tissus préférés, mais, lorsque je les couchai entre les objets, les tiges d'osier me parurent trop massives. Il me fallait quelque chose de plus léger. Je finis par les remplacer par des couchures de fils de coton. Le fil restait dans les critères du tableau, à savoir l'utilisation exclusive de matériaux liés aux travaux d'aiguille. Parfois, après avoir essayé plusieurs solutions, l'une d'elles apparaît si évidente et si simple qu'on se demande bien pourquoi on n'y a pas pensé tout de suite.

28 x 28 cm

Favourite Buttons and Pieces of Old Fabrics (Boutons favoris et morceaux de vieux tissus)

40,5 x 28 cm

The Tiger Box (Le coffret au tigre)

Une petite collection de figurines indiennes en bois peint m'a donné l'idée d'explorer le thème du tigre. J'ai reproduit sur mon tigre les amusantes rayures en diagonale de la petite sculpture en bois et j'ai peint les tiges d'osier avec des mouchetures rouges, noires et jaunes. Enfin, pour que tous les éléments participent au thème, j'ai ajouté au tableau une petite boîte de Baume du tigre, cette cuisante panacée asiatique.

Les objets les plus insolites ou les plus terre à terre peuvent trouver leur place dans un tableau. Dans *Northern Waters* (Eaux nordiques), les poissons-bananes enfilés sur la tige d'osier sont des objets d'artisanat amérindiens. Les deux poissons qui nagent ont été découpés dans le fond d'une boîte de camembert et peints, puis marqués à l'encre indélébile. Les deux longues perles aux extrémités de la tige d'osier sont des morceaux de tuyaux cassés de pipes de matelots, que mes enfants avaient coutume de chercher à marée basse sur les bords de la Tamise.

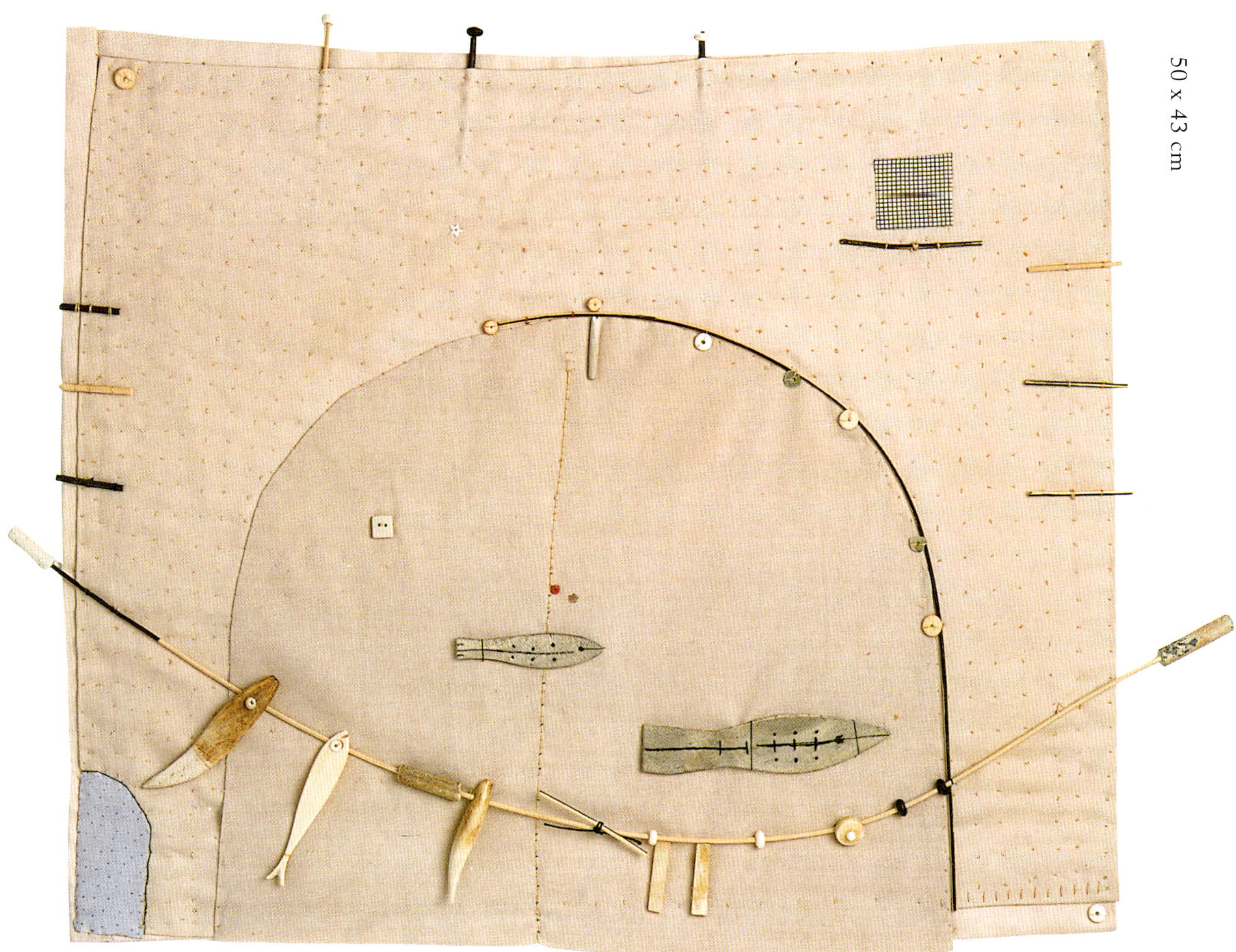

50 x 43 cm

Northern Waters (Eaux nordiques)

20 x 6,5 cm

Special Pieces (Pièces spéciales)
a été complété par un piquant de porc-épic

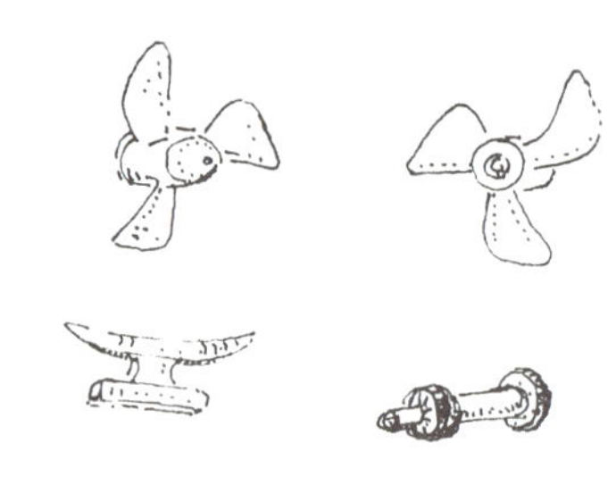

Accessoires pour maquettes de voiliers

Les boutiques de modèles réduits sont aussi des mines de trouvailles pour les tableaux : petits accessoires de laiton pour modèles réduits de navires, petits hublots, longueurs de cordages à nœuds, petites hélices d'aéroplanes. Leur miniaturisation convient à l'échelle de mes tableaux.

Les boutiques vendent aussi des bois exotiques et locaux prédécoupés en baguettes délicates qui se prêtent bien à une juxtaposition avec le tissu. Des échiquiers, anciens ou modernes, m'ont donné l'idée d'utiliser de fines languettes de balsa pour créer un jeu imaginaire. Une petite collection de jetons en os convenait parfaitement. Je possédais d'autres jetons en os portant des numéros gravés que je rêvais d'utiliser aussi, mais ils étaient un peu trop gros et je dus les laisser de côté. Peut-être trouveront-ils leur place dans un futur tableau. Quand, dans un tableau, un objet joue un rôle essentiel dans la composition, sa signification première devient secondaire par rapport à sa fonction dans l'arrangement des formes. Son véritable sens n'apparaît qu'ensuite, lors d'un examen plus poussé, et il révèle souvent alors une plaisanterie cachée.

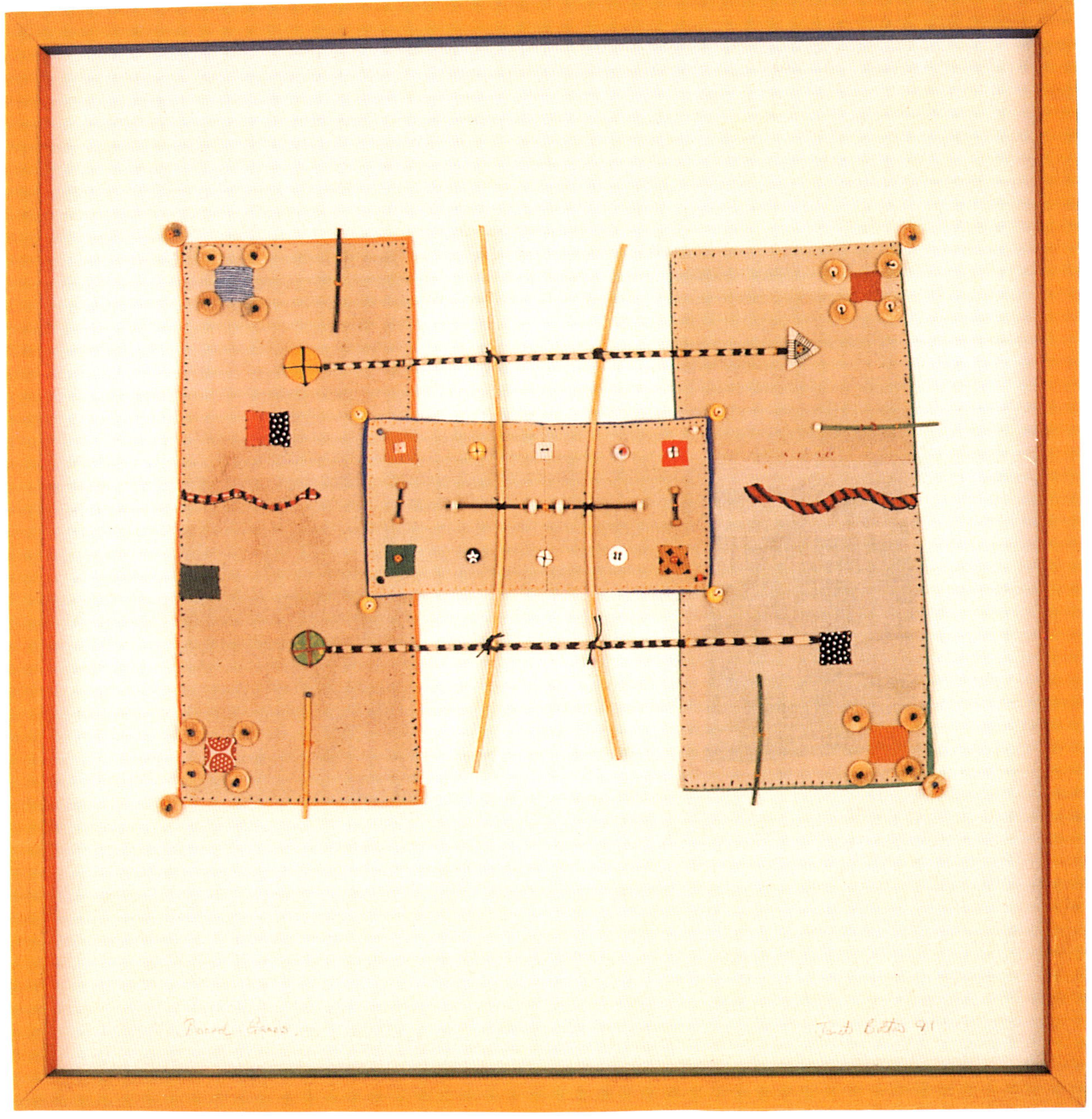

40 x 40 cm

Board Games (Jeux de société)

Bien que toujours à l'affût d'objets intéressants à inclure dans mes tableaux, il est rare que je les achète ou les collectionne avec une idée de tableau précis en tête. Les merceries, avec leurs ganses, perles, boutons et autres accessoires de confection, sont pour moi de véritables cavernes d'Ali Baba. Si vous n'avez jamais passé un moment dans une mercerie bien achalandée, essayez et vous serez émerveillé par l'accumulation fascinante de trésors convenant à des tableaux. Pensez aussi aux ventes de charité, aux magasins de bric-à-brac, aux brocantes, aux marchés. De vieux colliers peuvent être défaits et les vêtements dépouillés de leurs boutons et de leurs boucles. Vous n'avez pas besoin de dépenser une fortune et il est très agréable de recycler des matériaux.

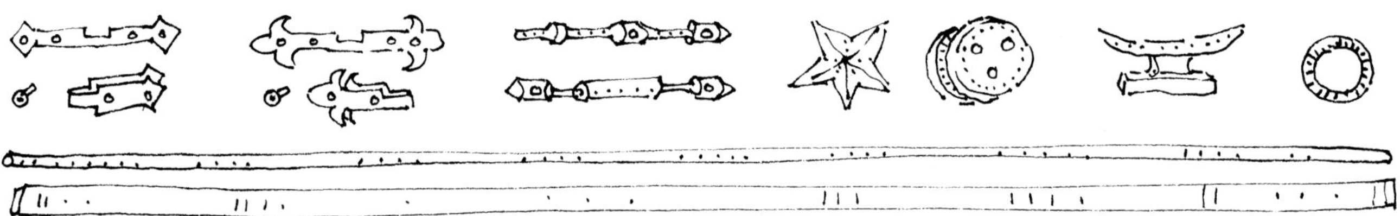

Atelier 8

La Fabrication d'un châssis à graines

47 x 47 cm

The Workshop Box (La boîte de l'atelier)

1. Dans la campagne du Nord de l'Angleterre où j'ai passé mon enfance, un des jeux les plus appréciés, à côté du saut à la corde, de la marelle et de la toupie, était de faire des semis. Nous disposions nos graines avec soin sur du coton hydrophile dans des couvercles de boîtes étiquetés. J'ai poursuivi ce genre d'activité, d'une manière ou d'une autre, toute ma vie car je n'ai jamais pu résister à l'envie de ramasser des tas de petites choses pour en faire des motifs. *The Workshop Box* (La boîte de l'atelier) est l'aboutissement en droite ligne de mes jeux d'enfant et de mes boîtes à graines. Le tableau m'a été inspiré par Sandra Drew, de la Drew Gallery à Canterbury, qui a envoyé à tous ses artistes une boîte à cigares accompagnée d'une même demande : la décorer à leur gré en suivant la tradition victorienne des peintures sur les couvercles de coffrets à cigares. Comme je ne suis pas peintre, mais conserve mes petits objets dans des boîtes à cigares, j'ai créé *The Workshop Box*.

2. Si vous avez fait un tableau, le moment est venu de lui apporter les dernières touches. Si vous ne savez pas encore quoi lui ajouter, regardez-le longuement et laissez-le s'exprimer. Peut-être est-il complet et n'y a-t-il rien à lui apporter de neuf ? Alors, laissez-le tel quel.

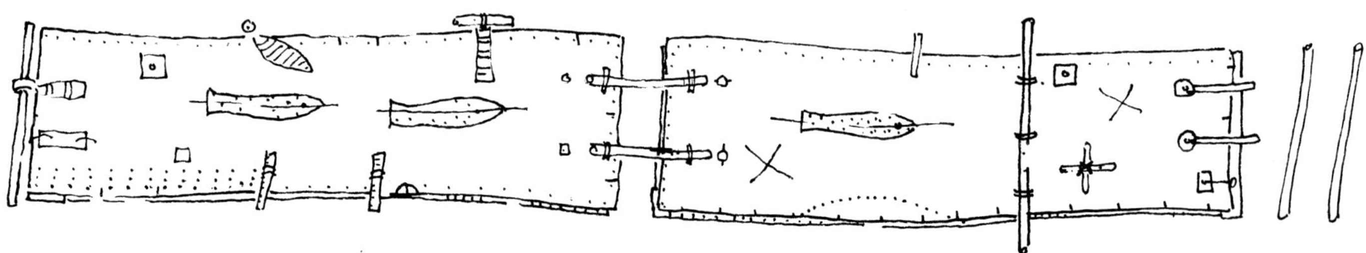

CHAPITRE 9

L'Encadrement

25 x 25 cm

Three Fishes, Five Stars (Trois poissons, cinq étoiles)

J'encadre mes tableaux pour diverses raisons : je protège l'œuvre, je la limite et, plus encore, je réaffirme mon intention de me servir de tissus pour faire des tableaux destinés à être exposés au mur.

Le cadre d'un tableau est une extension de celui-ci. Mal encadré, un tableau peut être privé de son impact.

Des tissus comprimés dans un cadre ordinaire finissent par s'abîmer et c'est pourquoi il faut utiliser une boîte-cadre, plus profonde. La hausse est la baguette qui maintient le verre, naturel ou synthétique, éloigné du tableau. Élégante et pratique, une boîte-cadre résout le problème de l'encadrement des tableaux de tissus. Le tissu a besoin d'espace, il doit être aéré. Et puis, un tableau de tissus est un objet, c'est pourquoi il semble naturel de l'exposer dans une boîte.

Pour le fond, utilisez de préférence un carton sans acide. En contact avec du papier de mauvaise qualité, un tissu, à la longue, se tache et finit par pourrir. Avec le temps, les produits chimiques utilisés pour la fabrication du papier se dégagent et attaquent le tissu. Comme j'utilise souvent des cartons habillés de tissu que j'achète tout préparés, je glisse une feuille de papier garanti sans acide entre mon tableau et le carton de fond. Tous ces matériaux s'achètent chez les encadreurs ou dans les rayons spécialisés des grands magasins.

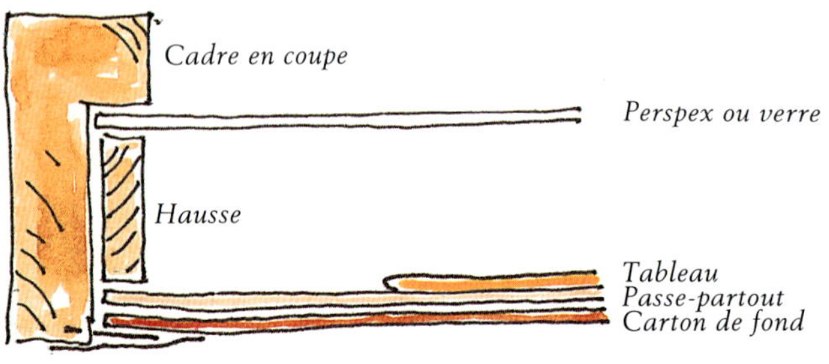

Coupe du cadre

Comme vous pouvez le voir sur l'illustration, la hausse empêche le verre d'appuyer sur le tableau, donc de le maintenir en place, et il faut trouver d'autres moyens de fixation, par exemple en le cousant. Pour cela, disposez le papier sans acide, puis votre tableau, sur le carton et, avec une grosse aiguille à tête pas trop volumineuse, cousez-les à petits points sur le devant et à grands points au dos.

23 x 12,5 cm

The Dale Bred Ram (Le bélier de la vallée)

25 x 10 cm

Small Lighthouse (Petit phare)

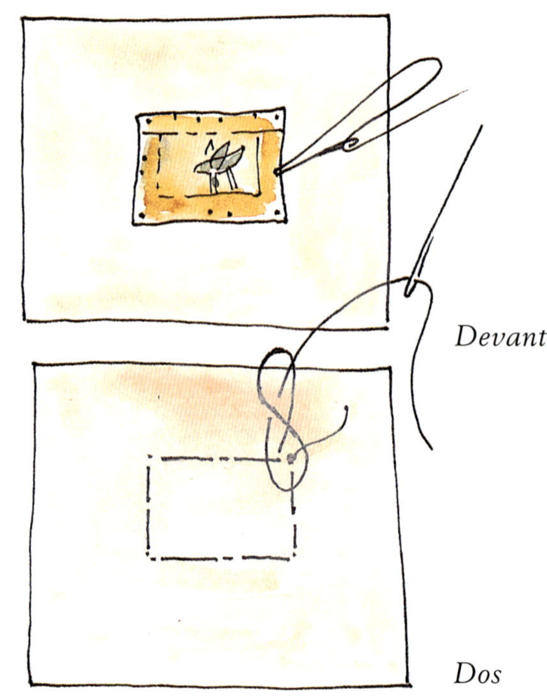

Comme j'ai toujours des difficultés à imaginer l'aspect qu'aura mon tableau une fois encadré, je le pose sur différents cartons de fonds, de formes et de tailles variées, avant de me décider.

Les encadreurs suivent une règle empirique : plus le tableau est petit, plus grand doit être le passe-partout. Le contraste met en valeur la qualité d'un très petit tableau. Même si vous confiez votre œuvre à un encadreur professionnel, essayez différentes solutions avant de passer commande.

De même, prenez votre temps pour choisir les moulures. Présentez votre tableau dans différents cadres et voyez l'effet produit. Personnellement, je préfère les moulures plates en bois qu'il m'arrive de peindre pour compléter un tableau. Les surfaces, les textures sont extrêmement nombreuses et il vaut la peine d'essayer plusieurs moulures avant de se décider.

Quand l'environnement n'est pas pollué, on peut se dispenser de placer un tableau sous verre normal ou synthétique. Encadrez-le, mais ne le couvrez pas : le tissu garde alors toute sa beauté. Mais certaines conditions rendent le verre indispensable : le Perspex, par exemple, protège mieux que le verre normal contre le rayonnement ultraviolet. Il est léger et incassable, mais il se raye facilement.

Une fois un tableau encadré et prêt à suspendre, pensez que les couleurs des tissus se fanent à la lumière, et ne suspendez pas votre œuvre en plein soleil. Si vous avez matelassé le tissu, pensez qu'une lumière rasante très intense accentue les sillons du matelassage et peut rendre les rainures si visibles qu'elles vont dominer tous les autres aspects et rendre le tableau très difficile à « lire ».

15 x 14 cm

The Fish Kite (Le cerf-volant poisson)

CHAPITRE 10

Étape par Étape : Quatre Fleurs

15 x 15 cm

Four Flowers (Quatre fleurs) à grandeur naturelle

Je vais décrire en détail dans ce chapitre les étapes de la création d'un tableau. J'ai choisi le thème du vase de fleurs car il permet un nombre infini de variantes et, comme c'est un thème d'inspiration de tous les temps et de tous les pays, vous n'aurez aucun mal à trouver des documents où puiser des idées à exploiter.

Vous pouvez réaliser mon projet ou lui ajouter des idées personnelles mais, même si vous suivez mon modèle, examinez les tissus que vous possédez côte à côte avec soin au lieu d'essayer de retrouver exactement chacun de mes tissus. J'espère que mes indications techniques vous donneront suffisamment confiance en vous pour vous permettre de créer un tableau entièrement personnel.

Les étapes

1. Choisissez un tissu de fond.
J'ai employé deux morceaux de même tissu de 16, 5 x 9 cm et je les ai cousus de façon à modifier le sens du tissage. La couture peut être faite à la main ou à la machine.

2. Choisissez beaucoup de petits morceaux de tissu pour le vase, les pétales et les tiges. Présentez-les sur le tissu de fond pour harmoniser au mieux les couleurs et les dimensions.

3. Coupez les bandes des bords et disposez-les. Attention : coupez les bords supérieurs et inférieurs plus longs que les bandes latérales.

4. Cousez les bords faits de plusieurs morceaux à la machine ou à la main, ouvrez les coutures, repassez.

5. En réservant 6 mm de marge pour les coutures, cousez les bords latéraux au tissu de fond. Ouvrez, repassez.

6. Ajoutez les bords du haut et du bas, ouvrez, repassez.

7. Repliez les bords vifs de 6 mm. Repassez légèrement, épinglez pour fixer en place.

8. Choisissez un morceau de tissu de doublure d'environ 20 x 20 cm. La couleur compte beaucoup dans ce tableau car la doublure, visible, joue un rôle dans la composition.

9. Disposez le fond sur la doublure. Repliez les bords de la doublure sous le fond, épinglez avec les épingles déjà en place sur l'ourlet du pourtour du fond. La largeur du repli dépend de la largeur du tissu que vous voulez laisser apparent.

10. Cousez à la main le fond à la doublure en formant un petit ourlet que vous coudrez, soit à points de côté invisibles, soit avec un point décoratif.

11. Découpez les formes des corolles, des tiges et des feuilles. Pour bien voir comment elles s'intègrent dans la composition, coupez-les à leurs dimensions réelles, sans les marges pour les coutures.

12. Découpez le vase dans un morceau de tissu d'environ 10 x 10 cm.

Les anses peuvent être coupées dans un morceau de tissu et rapportées, ou, comme dans le modèle, elles peuvent faire partie du vase et ne pas être évidées. Une petite fente en croix au centre de chaque anse permet ensuite de replier le tissu et de créer l'évidement.

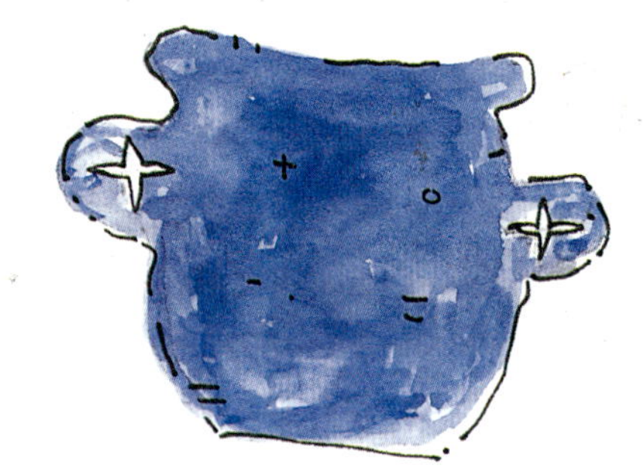

13. Disposez les formes jusqu'à ce que vous soyez satisfait. N'épinglez pas : les morceaux de tissu adhèrent suffisamment les uns aux autres pour vous permettre de déplacer les formes facilement.

14. Quand votre composition vous plaît, coupez les mêmes formes, mais en prévoyant 6 mm de plus tout autour pour les coutures. Replacez-les et épinglez.

15. Appliquez le vase. Il est inutile de coudre les bords qui seront recouverts, mais n'oubliez pas de replier les bords des tiges au niveau des lèvres du vase. Tout en cousant, adaptez la forme du vase en rentrant plus ou moins le tissu.

16. Appliquez les tiges sans oublier de replier les marges des feuilles qui ne seront pas recouvertes par les tiges. Au fur et à mesure que vous placez vos morceaux et affinez les formes en les cousant, vous pouvez avoir envie d'adapter et de déplacer les formes pas encore fixées.

17. Appliquez les pétales puis les centres des corolles.

18. Ajoutez à la composition des couleurs ou des formes en disposant des petits morceaux de tissu (voyez les petits ronds et les carrés de mon tableau). Découpez les formes exactes pour les essais, puis remplacez ces pièces par des formes coupées avec les marges de 6 mm nécessaires pour rentrer le pourtour. Épinglez, cousez.

CHAPITRE 11

Galerie

15 x 10 cm

One Cow (Une vache)

Après avoir fait un tableau, plus rien ne vous empêche d'entreprendre votre propre voyage, d'explorer les thèmes et les motifs qui ont pour vous le plus de significations et d'importance. Je suis sûre que, désormais, vous tirerez de votre ouvrage autant de plaisir et de satisfaction que j'en tire depuis des années.

21,5 x 15,5 cm

The Mill at the Edge of the Moors (Le moulin au bord de la Lande)

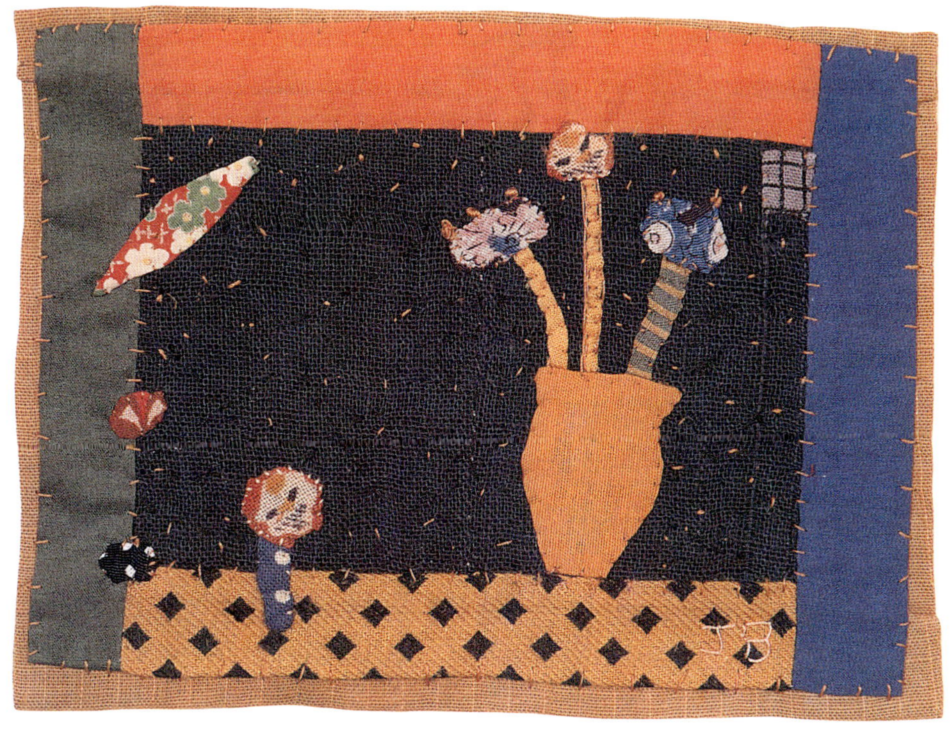

12,5 x 10 cm

Three Flowers (Trois fleurs)

25 x 20 cm

High Above the Hive (Bien haut au-dessus de la ruche)

30,5 x 30,5 cm

The Fish Pond (L'étang aux poissons)

CHAPITRE 12

Gabarits

3078	802
444	699
783	890
817	105
535	310
918	306
556	801
592	319
600	207
605	200
550	100
3753	786
695	140
731	120
823	180

MADE IN FRANCE
DMC
Quilt
200m - 216y.

Index

Index

REMERCIEMENTS
Tous mes remerciements vont à mon éditrice Ljiljana Ortolja-Blair pour son soutien et son aide, ainsi qu'à Sandra Lousada qui a photographié mon travail avec sensibilité.

CRÉDITS PHOTOGRAPHIQUES
The Fish Kite, Paul Seheult
The Bird and the Tiger, Joël Degen
Three Fishes, Five Stars, Joël Degen